希臘哲學史

A History of Greek Philosophy

李震 著

三民書局

代序

在任何時代「哲學」素養就是貫通知識與智慧的正途，無論中外學問皆然。中國哲學源自人性問題的探索，西洋哲學源自宇宙生發的探究，兩者皆是人類智慧發展的重要起點，也是後來眾科學的重要基礎。在全球化的當今世代，理解西方思想根源更是促進彼此理解、知識共融的重要步驟。

李震教授的《希臘哲學史》，最早出版於一九七二年，距今整整有五十年之久，看似年代久遠，但是如溫德爾班、羅素、科普斯登等西方人撰寫的哲學史名著，初版距今的時間更長久，依然是研究西方哲學的經典之作。

本書全幅二百餘頁，分成二十三章，包含了大約從西元前五百年到西元後五百年之間約一千年的思想家的學說。但是從狹義的希臘哲學來檢視，則以蘇格拉底、柏拉圖、亞里斯多德三哲人（470 B. C.～320 B. C.）這一百五十年間所謂「雅典三哲人」的思想最為精華。統觀希臘哲學可以概略分為「先蘇格拉底時期」、「雅典三哲人時期」以及「希臘羅馬哲學時期」。

先蘇格拉底時期之前，就像許多古文明有許多關於世界誕生的神話，但是希臘人率先跨越了神話，進入理性思考的範疇。思考什麼是構成世界最基本「要素」的問題，提出「要素」是什麼之後，要設法解釋這多元混雜的世界是如何從單純的要素變化成複雜的萬物。這時期的思想沒有「物質」與「精神」的嚴格區分。

雅典三哲人時期將哲學推向體系化，分辨了「物質」與「精神」的屬性。蘇格拉底強調靈魂的永恆與行為的倫理價值。柏拉圖從蘇格拉底的倫理思想中主張的「至善」，擴充為最高存有的「至善」，形成了「觀念論」。亞里斯多德把抽象的觀念拉回現實世界，以「形式」與「質料」二原理解釋一切存有物的構成，再加上「實現」與「潛能」解釋變化的原理，完成「實在論」的形上學體系。

希臘羅馬哲學時期，基本上延續雅典哲學的遺緒，哲學理論依循前哲的思想原則，缺乏創新的理論。大多數的哲學思考集中在倫理思想方面。

本書作為普羅大眾的哲學教養材料是極為適當的，在本書第七十二頁作者提到：「傳說一位太太在念過柏氏的著作之後，縫了一件衣服送給他；另外一個農夫讀過《高爾吉亞篇》之後，放下了犁，就去尋找柏氏。」這個故事點出哲學連匹夫匹婦都能理解與愛好，可見哲學迷人的魅力。

李老師是我的博士論文指導教授，在輔大哲學研究所研修時讀到李老師的《基本哲學：有與無的探討》，這本書以簡明扼要的方式闡述了最難懂的「形上學」理論，讓我對形上學許多困難理解的觀念豁然開朗。相信讀者們也可以在閱讀這本《希臘哲學史》的時候，感受到與我相似的經驗，享受到解開智慧的樂趣。

尤煌傑（輔仁大學退休教授）謹識

二〇二二年九月一日

希臘哲學史

目次

第一章　西方哲學的搖籃

希臘人開始有所謂真正的哲學思考之前，在文學和藝術上的成就，已經十分驚人了。荷馬 (Homer) 就是希臘文明最初的偉大結晶。在《伊里亞德》(*Iliad*) 和《奧德賽》(*Odyssey*) 兩大詩篇中，雖然尚未出現純粹的宗教性，然而神話中已經潛伏著一種追求無限和解脫的精神。希臘神話中的神都離不開人的形像，人的長處與缺點也兼而有之。詩人們筆下所描述的神，大多是英勇的，智慧的，可以作為人生理想的標準。然而在諸神之中，他們最敬畏的，還是主持命運的神。在荷馬的詩篇中，可以體會到一種無可如何的力量在威脅著神和人，宿命的觀念在壓迫著人的心靈！

希臘的陸地，山陵起伏，大部分是貧瘠不毛的。又島嶼林立，極易航海，自然會促使人民向外拓展。與東方諸國的接觸，戰事的頻繁，都會使希臘人養成冒險犯難，富於幻想和進取的精神。

追求知識的熱忱，發掘真理的精神，使希臘人對理性充滿了信心。面對著廣闊的宇宙，英雄人物的嚮往是征服和統治，智者的願望則是了解它的奇妙與秩序。

當然他們也曾覺察到人生黑暗的一面，理性的暗礁，世事的不定，情慾的衝動，都使人困惑不安。然而大致說來，希臘人的精神是偏重於光明和樂觀一面的。出現在理性之前的是一個光輝明朗的真理的世界。

他們最初的興趣是面對著自己的宇宙，西方哲學自觀察宇宙開始。通過對於宇宙的意識而達到對於個人的意識，通過對於宇宙的了解而反省自己，了解自己。人與宇宙是不可分離的，古代的希臘思想是傾向於外在的。

格物以致知，正好說明希臘人求知的路向。致知是一條艱鉅的路，必須通過許多曲折與矛盾，懷疑與困惑。一方面好似光明在握，另一方面又逃不開黑暗的威脅；一方面看到宇宙的和諧及規律，另一方面又不能抹煞它的變動不居；一方面是對於永恆的嚮往，另一方面又感到時空和死亡的壓迫。希臘神話中的悲劇精神，時時伴隨著追尋光明的強烈意識，正是如影隨形。有與無，一與多，真理與矛盾，自最初就激盪著西方人的心靈。

荷馬所代表的貴族宗教思想與歐爾飛斯 (Orpheus) 所代表的平民宗教思想，對於後世的希臘哲人都有深遠的影響。歐爾飛斯提倡神祕經驗和神聖感的價值，勸人超越感覺世界的光明而嚮往神聖之夜，這樣人才可以自虛偽的生命解脫。形體是人的監牢，是人的墳墓。人生充滿了矛盾和痛苦，人感到時空的壓迫而企求永恆的救援。人有不死的靈魂，必須苦身克己，明心見性，度純潔聖善的生活，才能超越本性藩籬的拘限。

第二章　愛奧尼亞學派

西方哲學的發源地在希臘，而希臘哲學的誕生在愛奧尼亞 (Ionia)。愛奧尼亞是古希臘在小亞細亞沿海一帶所佔有的殖民地，位處東西早期文明的交流處，荷馬的兩大史詩也是產生於此的。愛奧尼亞的首府是米利都斯 (Miletus)，下面我們要談及的三位哲人，都是米利都斯的市民，因此愛奧尼亞學派也稱為米利都斯學派。

第一節　泰利斯 (Thales)

據說泰氏曾預言西元前五百八十五年五月二十八日的日蝕，由此可推知他是西元前第六世紀初期的思想家。狄奧基尼斯 (Diogenes Laertius) 在《哲人傳記》中曾敘述有關泰氏的傳說，說他在觀測星空的時候曾經跌到井裡去；說他曾預見橄欖的歉收而囤積橄欖油。這些傳說告訴我們，泰氏對於探討大自然的興趣以及古代的人如何視泰氏為智者。

自古以來，都稱他為希臘哲學之父，確是不無道理，因為他是第一個以自然主義的觀點打破神話的觀點，以探求物質世界的合一原理，通過變化以求不變。

古人面對宇宙，最易發現其變化不定的特性。宇宙間的和諧及規律吸引人的理性，宇宙的殊多及變動又像在逃避人的認識。宇宙中千千萬萬的事物，上自日月星辰，下至山川大地，草木的生長與凋零，人間的生老病死諸現象，無不說明宇宙間的萬物，無時不在變化。

變化指出宇宙的不穩固，事物的殊多。那麼變化的來源是什麼？變化的背後，如果沒有不變；殊多的背後，如果沒有合一，我們將無從了解宇宙。於是希臘古代的思想家認為尋求宇宙的原理，是一個非常重要的課題。當我們正視宇宙的時候，很快地就發現物質現實的不穩固，正好說明其本身的不足，因此需要一個堅定不移的基礎，哲學是對於基礎和原理的探討，這一點在東西方的哲學中，意義是相同的。

泰氏肯定水是化成宇宙萬物的原理。水蒸發而為氣，凝結而成冰，本身極為活躍，更易於使人想像它的再凝結就會形成大地，因此將水看作構成萬物的本質。亞里斯多德在《形上學》一書中解釋泰氏的思想說：「泰利斯以水為原理，又主張地居水上；也許由於看到萬物在濕潤的環境中得以滋養，甚至熱度生於潮濕，在其中生存；使一切發生者，即一切之原理。他的概念來自事實，此事實即是萬物的種子皆有潮濕的本性，而水在所有潮濕的事物中是此本性的原理。」(*Met.*, I, 3, 983b, 20)。

泰氏對於萬物本源所作的推測，如就今天科學的觀點來說，未免膚淺；然而如就泰氏首先提出一切變化的存在之根底究為何物這一個哲學問題，實表現西方人的一大智慧，也打開了形上思想發展的門徑。雖然泰氏所探討的，只限於物質原理，已足令人驚嘆。說明各種不同的存在，由一個原始的，根本的因素所形成，已經是在差異中尋求同一。泰氏試圖了解殊多的，經驗指出的，變化不定的事物的本質，以求發現合一而不變的原理。

泰氏又認為與水連合的，尚有一種活動的，使萬物生長變化的力量，是為神；因此他說萬有充滿了眾神，就連吸鐵石也由於有魂，才能吸動鐵。當時的思想家對於物質和精神的區分，尚未有明晰的觀念，如果根據上述說法就肯定泰氏主張有所謂宇宙魂的存在，或謂此宇宙魂即是上帝，未免太近乎想像。反之武斷地肯定初期的思想都不出唯物思想的拘限，也免不了以現代思想的形態去判斷古人的嫌疑，很難作到公正的地步。當時的學者，其所能探討的宇宙原理，尚不能出乎物質原理的範圍，這是沒有疑問的；可是一旦根據此種看法就肯定古人排斥精神，甚至排斥神性的存在，就未免失之武斷了。

第二節　阿納西曼德 (Anaximander)

阿氏是西元前六世紀中期的思想家，較泰利斯年輕，德奧弗拉斯都斯 (Theophrastus) 謂其曾與泰氏共事，喜好科學。修正泰氏以萬物之原理為水的說法，因為水也好，潮濕也好，都是形成對立的成分。根本因素不應該是一種特殊的物質，應該是「非限定者」(Apeiron)，先於對立而存在，對立和變化由之而生。「非限定者」沒有固定因素，先存於一切限定，由內在變動而使不同的東西得以分化，形成對立性和多樣性。

此「非限定者」並非超越有限世界的無限，仍然具有物質的，時空的特性。阿氏又認為此種「非限定者」包含無數世界，不斷地創生，不斷地毀滅，藉永恆的運動而變化。

生命來自大海，經過長時期對環境的適應，才有各種生物的進化，人是由動物進化而來的。生命的發生也是一種分裂，合一性的分裂，遂造成個體與個體之間的對立。因此阿氏主張生命的存在是罪惡，死亡是生命不可避的後果，也是回歸合一及贖罪的表現。

在自然界內，物之相互侵犯是不公正的現象，當限定物在「非限定者」之內被吸收時，公義才得以恢復。阿氏將人生的律則援引到自然界生成變化的現象上去了，譬如夏生，不外是熱與乾蠶食其對立者——冷與濕的權限的結果；至於夏滅，則是對於這種不義的懲罰。阿氏的斷簡第一有：「非限定者是存在事物的根源質料；存在的事物因它而能存在，而當其毀滅之時，又依必然性復歸於根源；這是由於它們依照時間的安排，相互報償各自的僭越之故。」由此也可以看到，阿氏在宇宙的變化之中，已經注意到形上的必然性的重要。他的「非限定者」雖不出物質形態，卻是不死不滅的。

第三節　阿納西米尼斯(Anaximenes)

阿納西米尼斯是西元前六世紀末期的思想家，曾寫一部著作，但是只有一些斷簡流傳。他拋棄阿納西曼德之說，重走泰利斯的路線，認為萬物的原理應該是固定的。斷簡第二有：「人靈為氣，使人不散，呼吸和大氣環繞著整個宇宙」。

氣一方面是限定的，可成為認知的對象；另一方面又是最活動不定的，可以成為萬物分化的原理。氣之稀化，產生較輕的物體；凝化時，則生較重的物體。凝化即冷卻，依程度之不同，而逐次產生風、水、雲、地、石等物；稀化即熱化，產生火，而後有日月星辰。

愛奧尼亞學派首次提出宇宙原理的問題，三人皆肯定萬物應該有不變的原理。這種通過變化以求不變的努力告訴我們，他們不只體驗到了形上的需要，也確實認為人的理性有認知形上世界的能力。

第三章　畢達哥拉學派

此派並不是一個純學術團體，而是一個宗教性的社團，由畢達哥拉斯 (Pythagoras) 所創。畢氏也是愛奧尼亞人，該社團所用的語言就是愛奧尼亞的方言。據說畢氏早年曾遊學埃及，後來移居義大利南部，創立學派，同時成為貴族派的中堅，受到民主派的迫害而逃亡，最後鬱鬱而終。該學派盛行於西元前六世紀後半期，到五世紀後半期開始沒落，但是該派學說曾給予柏拉圖很大影響。

該派既然是一個宗教社團，自然重視修養和宗教生活，倡人生的淨化，靈魂的傳生或輪迴，顯然承受了歐爾飛宗教的影響。康福說：「所有畢達哥拉斯所創制的體系，都趨向於另一個世界，把所有的價值都歸於看不見的上帝。看得到的世界，則加以貶抑，視之為虛偽和空幻，是混濁的媒介，天上的光在此折斷，世界因而受黑暗的蒙蔽。」(Conford, *From Religions to Philosophy*)。

該派主張靈魂不死，經轉變而成為其他生物，生出之物皆可由輪迴而再生，世間沒有絕對的新東西；又主張一切有生命的東西，應該視為一體。

人是世間的過客，形體是靈魂的墳墓，但是我們不能以自殺來企圖逃避。畢氏以奧林匹克運動的比賽為喻，把人區分為三種：第一種是追逐財富的人，猶如賽場中的小販；第二種是追逐名譽的人，猶如參加比賽的選手；第三種是愛好智慧的人，亦即哲學家，猶如賽場中的觀眾。惟有最後一種人才是最高尚而能獲得淨福的人。

亞里斯多德在《形上學》中說：「畢達哥拉學派熱衷於數理的研究，實為此學科之先進，甚至認為數學原理乃一切事物之理」(*Met.*, 985b 23–6)。羅素說：「如人人之所知，畢達哥拉斯曾說：一切都是數字。這種說法，以近代的意義來解釋，在邏輯上，是胡說八道，但是畢氏真意之所在，並不是胡說。他發現數目在音樂中的重要，而他在音樂與算術間所建立的關係，至今仍見於數學名詞中，若調和中數 (Harmonic mean)，調和級數 (Harmonic progression)。他把數學當作形式，如見於骰子和紙牌中的。我們至今還說數目上的平方和立方，這些名詞也來自於他。他又談到長方形的數目，三角的數目，金字塔的數目等。這些都是小圓石的數目（其實說自然一點，應該說是彈丸的數目），為造成那些形狀所需要的。也許他把世界當作是原子的，物體由分子所構成，而分子則組成各種形狀的原子。以此，他希望完成以算術為物理學和美學之根本的研究。」（鐘建閎譯，《西方哲學史》，卷一）

該派的一個重要發現，乃直角三角形的聯繫直角兩邊的自乘，其和等於另一邊的自乘，由此有所謂普遍命題之成立。羅素又說：「幾何學對於哲學和科學方法的影響是很深的。希臘人所創立的幾何學是始於本身自明的公理 (Axiom)，而用演繹的推考向前進行，以得到定理 (Theorem)，而定理則去自明遠矣。公理和定理，都當作是在實在的空間中真實不妄的，而實在的空間，則在經驗上知其為本有此物。以此，在前人看來，對於實在的世界，大可以先注意自明的東西，再用演繹的方法，以發現事物。這種見解，影響到柏拉圖和康德，以及大多數中世紀的哲學家。」(同上)

畢達哥拉學派，正像當時的一般學者，對於萬物的運行，四時的變化，特別有興趣。萬物的本質是數字，自然的規律和道德的規律也是數字，一切都是可數的，萬物之所以可以理解，是由於可數，可數即可量。現實和思想的結構都離不開數字。數字是神聖的「有」。

由此可見，該派以數字為萬物之原理，其所探求的原理，已經不只是質因 (Cause material)，也是形因 (Cause formal)，數字也指出事物的特性與限定。萬物模仿數字而成，亞里斯多德認為柏拉圖的模仿及分享觀念源出於此。與愛奧尼亞派學者比較起來，畢達哥拉派實在是向前邁進了一步。

宇宙包括了平均、秩序及和諧。宇宙的和諧透過音樂得以表現，而音調可以用數字去計算，可見萬物之和諧賴數而成。

數字是可衡量的秩序。亞里斯多德曾指出該派學者以為數字有空間性的大小，幾何形像是構成物體的本質 (*Met.*, 1028b, 15)。又有亞氏的註釋者進而主張該派認為那些作為物質世界原理的幾何形像是有擴延性的單位 (Alessandro, In *Met.*, I, 6, 987b, 33, ed. Bonitz, p. 41)。

數為事物之本質，事物之對立皆可歸納為數之對立，即奇與偶。針對事物之本質——可衡量的秩序來講，事物的基本對立為有限制與無限制的對立。有限制形成度量，無限制排斥度量，與此對立相應的為奇數與偶數的對立，實際在奇數中，不相等的單位構成計數行動的限制，在偶數中則缺乏此限制。

基本的對立共有十種，列於下：

1. 有限制——無限制。
2. 奇數——偶數。
3. 合一性——殊多性。
4. 右——左。

5. 男——女。
6. 靜——動。
7. 直——曲。
8. 光明——黑暗。
9. 善——惡。
10. 正方——長方。

限制就是秩序和完美。凡屬限制一方面的，皆為善，與此對立的，皆為惡。然而對立可以得到協調，該派另一著名學者菲羅勞斯 (Philolaus) 稱和諧為「殊多之合一，不協調之協調。」(斷簡一〇，Diels)。菲氏又肯定物質因素——水、火、氣、土之不同，實由於組合分子的幾何形像不同。該派認為宇宙之中心為火，稱之為眾神之母，天體由此形成，支持宇宙的力量亦源於此。中心火吸引附近的不限定的物質或空間，加以限定，形成秩序。整個的宇宙都是這樣形成的。

菲氏的弟子西米亞 (Simmia)，強調靈魂是構成形體的不同因素間和諧的原理，是物質因素合成的條件。

倫理學也離不開和諧之說，和諧藉數字以示其本質。例如正義是四，是因為平等之數

——二，乘以平等之數——二時，所得為四。以平等之數，完成平等之數，是為正義。

倫理與宗教信仰有密切的關係。做人的基本原則是追隨神，效法神。在哲學的意義之下，該派道德主張的最大貢獻應該是對於行動歸屬於默觀，道德實踐歸屬於智慧的主張。心靈的淨化在理論的活動中才能完成，只有理論精神能使人歸向神。

畢達哥拉學派強調理性的功用，重視事物本質的探討，這在希臘思想的發展史上是一個重大的進步，其對柏拉圖的影響，更值得我們重視。

第四章　赫拉克利圖斯(Heraclitus)

赫氏為埃弗所人，根據狄奧基尼斯的記載，其學說盛行於西元前五〇〇年左右。赫氏性憂鬱，喜愛孤獨，對於自己的同鄉也抱輕視的態度，沒有好感。富觀察力，筆調尖刻，有些斷簡流傳後世。

在宗教方面，赫氏輕視神奧的事蹟，持泛神論看法。他說：「老百姓所奉行的奧蹟並不神聖。」(斷簡一四)。

赫氏以強調宇宙的變化而著名。亞里斯多德曾指出赫氏的主張說：「一切皆動，無一物固定不移。」(*De Coelo*, **III**, 1)。「沒有人兩次掉在同樣的河裡，因為新水不停地在你身邊流過。」(斷簡一二，一九)，是他的名句。現實時時在變化，變化是現實的本質。然而並非說，凡屬於變化的，皆是虛無，因為差異與殊多傾向於合一。變動內在於合一，衝突為萬物之母，一切事物都離不開對立，生命與死亡對立，健康與疾病對立，善與惡對立。現實是一也是多，一在於多，同在於異，衝突之中可以見到和諧。可見赫氏所強調的變化不是絕對的變化，因為現實雖然不斷地變化，但並非不可理解，變易中有不變的常軌，人的理性可加以窺探和了解。

宇宙是合一的，但是合一包括對立。一切出於一，一又出於一切，但是多之真實性少於一，一即是上帝。

宇宙間，火最活躍，赫氏遂以火為萬物之原理。火的變形，最初是海；海的一半是地，一半是旋風。

宇宙的公道 (Cosmic justice) 支持一切，依此，對立者之相爭，不能一端完全勝利，而另一端完全失敗。因此赫氏強調戰爭的重要，競爭就是公道（斷簡八〇）。戰爭是一切的父和王，有些它使之為神，有些它使之為人，有些它使之束縛，有些它使之自由。他說：「荷馬說：『但願在神間和人間，競爭永遠消失。這是錯誤的想法，他沒有想到，這是祈求宇宙的毀滅，如果他的祈禱被俯允了，一切都將毀滅。』」（斷簡一六）。

赫氏一再提到上帝，以示上帝與其他諸神之不同：「人類的途徑沒有智慧，惟上帝的途徑才有……上帝稱人為嬰兒，正如人之與兒童……最智慧的人與上帝相比，也不過是無尾猴。」（斷簡七九）。此上帝只是流行於宇宙間的普遍理性或公道，乃內在於萬物的普遍規律，統萬變於不變。人的理性不過是普遍理性的縮影，應該符合普遍理性的活動。可見赫氏的上帝或火或一不是有位格的神，是內在於萬物之本質的，其泛神論的色彩由此可見。

雖然過分肯定變化和對立的形上學，使赫氏主張善即惡，惡即善的相對主義，主張在上帝看來，一切都公平，但是人則以為有些對，有些不對。這並不阻礙赫氏關心人的存在。他反對博學多聞而缺乏真正的智慧（斷簡一二九），他強調人的自覺與智慧息息相關，他說：「我探求我自己。」（斷簡一〇一），「人人都有認識自己，以及依照中庸而行動的能力。」（斷簡一一六）。他也強調靈魂的重要：「你絕對無法發現靈魂的限制，靈魂有其深刻的法則或語言。」（斷簡四五）。心靈如欲看到萬物的諧和之理，必須克服情慾，因為情慾使人蒙蔽，看不到真理。赫氏倡心靈的自主與苦行，顯然在宗教和倫理方面皆受到歐爾飛民間宗教的影響。

我們應該說，赫氏在西方思想史上的地位是不容忽視的，雖然他對於一與多的說明還不完整，卻已經明白地指出了人類理性的兩個根本問題。有限的現實——宇宙是屬於變化的，變化指出不足，指出對於合一的需要。古代的神話，宗教信仰，對此都有過寶貴的啟示。當希臘人開始用理性去看宇宙和人生時，一與多，善與惡，光明與黑暗，這些基本問題很快地就爆發出來了。

原始的宗教肯定神的存在的時候，不只說明了個人的一種極其深刻的體驗，也指出了一個內在於人性的普遍要求。一個哲學家將這種需要加以理論化而肯定萬有的最後根源——神的存在並不困難，可是當他進一步去解釋神與萬物的關係時，困難就在所難免了。在許多根本的觀念尚未明晰地建立起來之前，斷然地肯定神與宇宙之間的實在分別確實不是一件簡單的事，於是如果我們在古人的思想裡發現泛神論的色彩，就不足為奇了。其實，就連在近代的思想中，像斯賓諾莎或黑格爾那樣的頭腦，都未能自泛神論的誘惑中逃脫出來呢！依此，我們也可以說，如果由於這種泛神論的色彩，就將古代的某一個思想家看做無神論者，似乎是不大公平吧！

第五章 巴爾買尼德斯 (Parmenides)

巴氏是伊利亞學派的創始人，生在義大利南部伊利亞 (Elea)，時在西元前第六世紀末期，四百五十年左右在雅典與年輕的蘇格拉底相遇，當時巴氏已經有六十五歲。狄奧基尼斯認為巴氏起初參加畢達哥拉學派，後來退出，以建立自己的學說 (*Diog. Laertius*, 9, 21)。

巴氏用詩體寫作，大多數的斷簡藉辛普里奇物斯 (Simplicius) 的註釋而流傳後世。其思想之重點在於肯定：有是一，存在；變化不存在，乃幻覺。其方向與赫拉克利圖斯的萬有皆變化的主張不同。變化是非有，是無——絕對的虛無；因此，如果有存在，非有就不可能存在；變化和殊多不可能屬於有的內在結構。有是一，巴氏主張萬有為一，殊多只是虛妄不實的幻覺。

對上述觀點巴氏提出的論證是：有絕對不變，因為有或成於有，或成於非有。第一，有不能成於有，因為已經是有，就如人不能成為人，熱度不能成為熱度一樣；第二，由非有一無所成，非有是無，由無無所成。可見自有或自無皆不能有所變化，因此變化不可能。

巴氏又強調真理之道與俗見之道的不同。真理之道肯定只有「有」存在，「非有」不存在。有是思想的唯一對象，亦即唯一可理解，可說明的對象，至於非有不能成為思想與說明的對象。巴氏此一主張構成了哲學史上著名的「有與思想的同一性原則」。俗見之道則視有如非有，視非有如有。

可見巴氏的形上觀點與其認識論有極密切的關係。在真理與俗見之間，思想與感覺之間，有本質的不同。思想依真理之道，指出有的不變與唯一，只有「有」能成為思想的對象。感覺是俗見的根源，將變化看作真實無妄的，將無當作有，實在是不智之舉。有與無的對立，思想與感覺的分化，說明兩種不同的生活態度；對變化與殊多的否定，也說明了巴氏對於感覺世界的輕視。同時思想與感覺的分裂，也造成了後世認識論上許多爭論。理性與感覺完全是二元的嗎？感覺認識的真實性是否可以否定？

總之，巴氏的有，不生不滅，不變不動，唯一而不可分。如果有不是一而能被分化，必由它物所分，但是有不可能被它物所分，因為有之外，無一物存在。有也不可復加，因為復加之物，仍然是有。

有的特性如何？巴氏肯定有是有限的，顯然肯定有的物質性。巴氏尚未能脫離過去學者強調物質有的圈限。無限的就是不限定的，有既然是現實，不可能是不限定的。有不能變，不能伸展於虛空之中，因為只有實存在，虛不存在。有應該是限定的，完全的。最多從時間方面才可以講有是無限的，因為有沒有起始，也沒有終結；從空間方面則必須說有是有限的。巴氏又說現實是實體，也是球形體，如果現實不是物質的，如何能呈球形？（斷簡八）為此，布爾奈說：「巴氏並不像某些人所主張，以巴氏為唯心論之父，其實所有的唯物論皆與他對現實的看法有關。」(Burnet, *E. G. P.*, p. 182)。

然而自另一角度觀之，巴氏在斷簡第五提出「有與思想的同一性原則」，有即思想，思想即有。柏拉圖根據有的不變性而肯定永恆的有就是根本而實在的理型。或許也可以說巴氏是第一個偉大的唯心論者。德謨克利都斯和柏拉圖都曾受到巴氏深刻的影響，前者成為唯物論者，後者則不然。

赫氏強調變化是根本和實在的，但是並不完全排斥有的合一性。一為火，生化變動皆屬於火的本質。巴氏強調有的合一性而排斥變化，以變化為幻覺。只有感覺告訴我們有所謂變化，但是真理在於理性和思想，不在感覺。比較起來，似乎赫氏之說，更為公允。柏拉圖則欲求二不同觀點之綜合，取其所長，補其所短。柏氏肯定感覺對象不是真知識的對象，本身沒有必要的固定性，顯然接受巴氏的影響。真知的對象應該是固定不移的，恆常不變的，就像巴氏之有，然而不是物質的，而是非物質的理型，其最高形式即至善，在此柏氏又不完全同意巴氏之說。

亞里斯多德更作進一步的綜合。最根本的，非物質的有即上帝，是不變而自立的思想。對於物質現實的看法，亞氏贊成赫拉克利圖斯的主張而拒絕巴氏的看法，物體確實屬於變化。不只可以有外在的，附性的變化，也可以有內在的，實體的變化。當然亞里斯多德的形質論對於物質世界的解釋超過赫氏和巴氏多多了。形質論 (hylemorphism) 有力地說明物質現實的固定性，能補赫氏主張的不足；另一方面也指出，巴氏的有與無的區分並未能道盡所有的現實，或現實的所有的形態。有可以是完成的，也可以是潛能的，潛能性並非絕對的虛無，是以能生變化。無論如何，赫氏與巴氏的思想都提出了極重要而根本的問題，對後世哲學影響之大，是沒有疑問的。

巴氏有徒，名米利穌斯 (Melissus)，反對巴氏肯定有是有限的這一主張。如果有是有限的，有之外將是無，有將受到無的限制。如果有為無所限，也就是說不為任何物所限，那麼就應該是無限的了。有以外，不能有任何虛空存在，因為「空即是無，無不能存在。」(斷簡七)。

亞里斯多德告訴我們，米利穌斯的「一」是物質的 (*Met.*, 986b 18–21)。辛普里奇物斯卻引用一個斷簡以說明米氏的「有」是非形體的：「如果它存在，必須是一；但是如果是一，則不能有形體；因為如果有形體，將包括部分，有部分就不能成為一了。」（斷簡九，*Simpl., Phys.*, 109, 34）。

第六章　芝諾的辯證法

芝諾 (Zeno) 是巴爾買尼德斯的弟子，根據柏拉圖的說法 (*Parm.*, 127a)，芝諾小巴氏二十五歲，生於西元前四百八十九年前後。伊利亞人，曾參與該地的政治活動，政績卓著，死於暴君的迫害。

芝諾提出許多論證，以維護有的唯一與不變。其方法在於指出敵對者論證的荒謬，以間接地證明巴氏的主張的正確性，這就是所謂歸謬法 (Reductio ad absurdum)。亞里斯多德說芝諾為辯證法的發明者，因為辯證法的戰術正是以敵對者所肯定的假設命題為出發點。近代學者多堅持芝諾所批評的對象為畢達哥拉學派，因為數字的多元論與伊利亞學派的一元論不合。實際上芝諾的論證指向任何多元論，同時畢達哥拉學派的主張並非以多元論為其特色，他們所說的數字，其重點在於指出事物的可衡量的秩序。

普羅克路斯 (Proclus) 告訴我們：「芝諾曾列舉四十個論證，以證明有即是一，並且他認為如此以維護其師，實是好事。」(*In Parm.*, 694, 23)。

首先看一看他反對多元論的論證：

1. 如果現實是多樣的，必須由許多單位構成；這些單位或有大小，或沒有大小；如果有大小，將是無限制地可分的；就如一線，包括許多有大小的單位，那麼此線的單位將成為無數的，每一個都有大小；因此這一條線就成了無限大的，因為它是由無數的東西合成的。那麼在世間，如果每一物都是無限大的，顯然世界也是無限大的。

自另一方面看，單位如果沒有大小，整個世界也將無大小可言，單位無論增加多少，仍將無大小可言。但是假如宇宙沒有大小，應該是無限小，那麼宇宙間任何一物都應該是無限小。

至此主張多元論者只有兩條路可走，或肯定宇宙間每一物皆為無限大，或肯定每一物皆為無限小。如果肯定有的殊多性，必將陷入矛盾，因為此多樣的有可以是無限大，同時又可以是無限小。芝諾的結論是，有是殊多的這一個假定是不合理的（斷簡一，二）。

2. 如果殊多存在，我們就能問有多少。至少殊多是可以計數的，如果不能計數，如何能存在？自另一方面看，殊多看來又不能計數，應該是無限的。為什麼？因為在兩個單位之間，常有區別它們的第三者存在，同時每一個單位又是無限制地可分的。然而同時肯定殊多在數字上有限制又沒有限制是不合理的，因此殊多根本不能存在（斷簡三）。

3. 斗米落地會不會發聲？當然會。如果其中之一粒或一粒米的千分之一落地呢？則不會有聲響。然而斗米乃由一粒一粒的米合成的，如果一粒米不出聲，為何由它們所合成的一斗米會出聲呢？可見肯定米的殊多性是不合理的 (Arist., *Phys.*, H5, 250a 19)。

再看他如何否定空間的存在：

巴氏肯定實存在，虛不存在，芝諾支持巴氏的看法。如果說一物存在於虛空，這個虛空是什麼呢？如果什麼都不是，物則不能居於其中；如果虛空也是一物，其本身也需要居於另一虛空，另一虛空如果也是一物，又需要第三個虛空，如此類推，永無止境，豈不荒謬？可見物不居於虛空，巴氏主張虛不存在是正確的 (Arist., *Phys.*, Δ3, 210b 22; I, 209a 23)。

最後再看芝諾否定運動的論證：

亞里斯多德的《物理學》第六卷第九章載有芝諾否定運動的四個論證，第一與第二兩個論證所依據的是：線不能是點的集合；第三與第四所依據的是：時間不能是瞬息的集合。

1. 如果你在跑道上賽跑，總不會到達終點，因為在你到達終點之前，必先到達一半，要到達一半，必先到達一半的一半，如此類推，跑道無限分半的結果，將使你無法以有限的時間跑完無限制可分的空間。換言之，賽跑者一步都沒動 (Arist., *Phys.*, Z9, 239b 9; 12, 233a 21)。

2. 神行者與烏龜賽跑，讓龜先行一步，將永遠追不上龜。因為神行者追上那一步之後，龜又向前移動了一點，待追上那一點之後，龜又移動一點，如此類推，永遠也不會追上 (Arist., *Phys.*, Z9, 239b 14)。

3. 射出之箭，在進行中根本不動，因為飛箭在每一剎那佔有同一位置，對此位置來說，並沒有動。故此箭在飛行中的各個剎那，必處於靜止狀態，累加每一剎那的靜止，結果仍是靜止。運動的全部時間乃由剎那形成，因此箭在飛行的全部過程中並未曾移動。感覺上的移動只是幻覺，事實上沒有所謂運動 (Arist., *Phys.*, Z9, 239b30)。

4. 在運動場上，物體以同速前進時，同樣的距離應該在同樣的時間內移動完畢。

如有三個物體，A固定不動，B和C相對以同速而動，則發生下列情形：

圖一

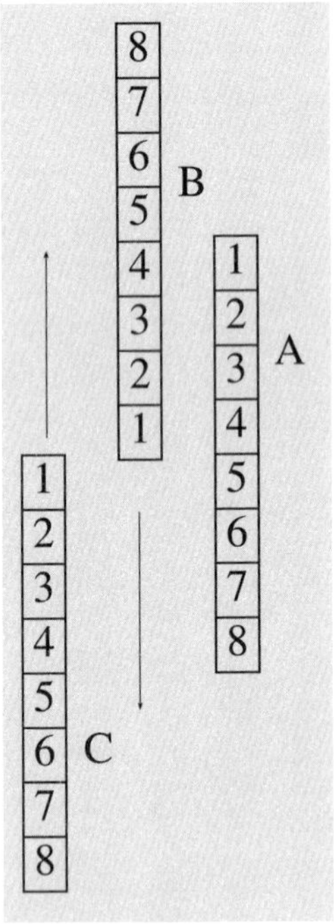

圖二

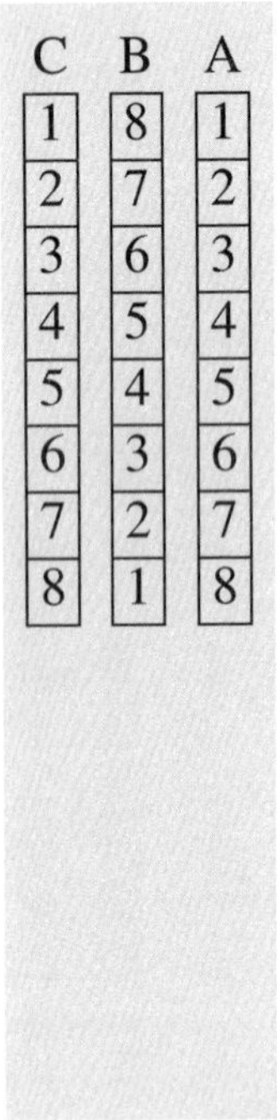

B通過了A的四個單位，而C則通過了B的八個單位。如果通過每一個單位的長度需要一個單位的時間，針對第二圖的情形，B為通過四個單位只用了C的一半時間。自另一方面觀之，B通過了C的全部距離，C也通過了B的全部距離，B與C通過的時間應該相等，結論卻是一半的時間竟等於全部時間，豈不荒謬？(Arist., *Phys.*, Z9, 239b 33)

第四論證顯然是詭辯，B和C相遇於A之一半，針對A說，通過的是相同的距離，所需的時間也完全相同。至於其他論證，或假定時間由不可分的剎那合成，或假定空間是無限制地可分。亞里斯多德在反駁這些論證時，特別指出，時間的部分，即使最小，也有延續性，因此在任何剎那中，物體仍可移動。芝諾的錯誤在於假定時間是由不連續的剎那合成的。對於空間的可分性，後來亞氏也有合理的說明，空間的無限可分性是從潛能一方面去講，也就是說，有空間性的東西，無論怎麼分，也分不出沒有可分性的單純物質，並非說物體的實在的可分性是虛幻的，分與不分是一回事。

芝諾的論證，似是而非，不但對於維護巴爾買尼德斯之說無益，而且開後世詭辯之風，如果說詭辯也有助於真正哲學的建立，其作用最多也只是消極性的而已。

第七章 恩培都克利斯(Empedocles)

恩氏是西西里島亞克拉加斯人，生卒年月不詳，我們只知道他曾於西元前四百四十年前後，訪問都利城。恩氏是亞克拉加斯民主政派的領袖人物，曾遭放逐。傳說恩氏善於魔術，最後跳入艾特納火山口，以表示神化而升天。恩氏善於用詩體傳授哲學思想，只有一些斷簡流傳後世。

在宗教方面，接近畢達哥拉派，贊成歐爾飛的宗教傳統；在哲學方面，追隨巴爾買尼德斯，主張「有」的不變，「有」不生不滅。「有」不能自虛無升起，也不會過去，變成虛無。物質世界無始無終，是不會毀滅的。

不過巴氏的絕對一元論，難以對萬物的變化提出令人心服的說明，因而恩氏雖然在根本論點上站在巴氏一面，卻想對變化提出更合理的解釋，於是有所謂多元的不變論的產生。萬物由四種不變的元素合成，即風、火、水、土。元素不生不滅，但性質互異，火溫暖而光明，風流動而透明，水則暗而冷，土則重而堅實（斷簡二一）。元素也不能分為更小的元素。

萬物的發生與毀滅來自四元素的分合，此種分合是機械式的，由外在的力量推動，合的動力是「愛」，分的動力是「恨」，都是物理性的力量。恩氏提出動力一說，使物質元素有所區別，不能不說是思想史上的一大進步。

世界的發展過程是循環的，愛與恨交替支配世界的生滅（斷簡一七，二六）。起始四大元素因愛而結合，其形如一球體，然而恨已密佈在四周；當恨侵入時，逐愛於球體之外，形成分化；然後愛又開始活動，使元素結合；如此合而復分，分而復合，循環不息。

在認識論方面，恩氏提出同類相應的感覺論，外界事物散發出來的元素與我們感官的同類元素有所接觸時即形成感覺。視覺是由瞳孔中的水火與外界的水火相接而生。亞氏曾指出恩氏忽視思想與知覺之間的區別，因為思想的形成也離不開同類元素的感應。

恩氏亦倡輪迴之說，靈魂由於罪惡，必須接受轉生的痛苦。人不但可以投生為人，也可投生為動物植物。恩氏認為自己就曾投生為男孩、女孩、植物、鳥和海中的魚（斷簡一一七）。

人的心靈生活在宇宙中，卻不受外在動力的支配，可以自由地去愛去恨。愛產生和諧，恨則產生痛苦。恩氏提倡禁慾和淨化的工夫。

總之，恩氏的思想重點在於使巴氏的絕對的不變論與變化現象協調起來，因而提出四大元素的說法。外在動力的肯定，開機械論的先河，然而將動力歸納為神話式的力量，如：愛與恨，是其失敗之處。恩氏的學說由阿納撒哥拉斯作進一步的發展。

第八章　阿納撒哥拉斯 (Anaxagoras)

生於西元前五百年前後，是歐尼亞人，到雅典時，約二十歲，成為將哲學輸入雅典的第一人。柏拉圖 (Phaedrus, 270a) 告訴我們，雅典著名的政治領袖皮里克利斯 (Pericles) 年輕時，曾為阿納撒哥拉斯的學生，二人甚為相投。阿氏在雅典居留了三十年，後為皮里克利斯的敵人所控告，理由是阿氏肯定太陽和月亮只是赤熱的巨石，乃觸犯神明之舉。阿氏不得不離開雅典，也許由於皮里克利斯的救助，才得免於牢獄之災。阿氏回到故鄉歐尼亞，創設學校。曾著一書，但只有一些斷簡留傳下來，這是辛普里奇物斯 (Simplicius) 的功勞。

阿氏一如恩培都克利斯，走巴爾買尼德斯的路線，主張「有」的不變性與固定性。他說：「萬物既不增，也不滅，永遠如此。」(斷簡五)。他也試圖進一步解釋變化的道理，但是不贊成恩氏以四大元素構成萬物的主張。構成萬物的是無限的種子，這些種子具有形體、色彩等差異 (斷簡四)。種子可分至無限，部分如果與整體有同樣的性質，那就成為根本的和非派生的 (Unde-rived) 種子，才是最基本的種子。例如金子再分仍為金子，其部分與整體同屬一類，狗則不然。

他又說：「毛髮為何來自非毛髮，肉如何自非肉而生？」（斷簡十）巴爾買尼德斯已經肯定，從無不能生有，因此唯一的解釋是，在原有的食物中早已蘊藏著以後生長出來的毛髮血肉。阿氏據此結論說：「一切在一切之中。」（斷簡六），或「在一切之中，有一切的每一個成分。」（斷簡一）。萬物的最根本元素——種子是不變的，變化是外在的，機械式的。

「起初，一切都混而為一，在數量和微小上都是無限的；因為微小也是無限的。當一切皆混而為一的時候，由於微小，無一物可分。」（斷簡一）。開始的時候，一切都在於整體，然而當某些種子與其他種子聚集而佔優勢時，就形成一特殊物體，例如金子，成為經驗的對象。肯定金子的種子與其他種子聚集在一起，也就是肯定在金子內也有其他種子。在每一物中皆有任何其他一物的成分。這樣阿氏一方面支持巴氏萬有唯一的說法，另一方面也不否定變化的現實性。

恩培都克利斯藉「愛」與「恨」兩種對立的力量以解釋萬物的形成與毀滅，阿氏卻能更進一步，言前人之所未能言，肯定「靈智」(Nous) 為萬物分合的動力。人有靈智，與死物不同。雖然在一切物中，有一切物的成分，卻沒有靈智。他說：「靈智控制一切有生命的東西，不論大小。靈智控制整個的進化。」（斷簡一二）。又說：「靈智是無限的和自律的，不與其他東西相混，是獨立的，是在己而由己的存在」（斷簡一二）。物質與精神的區別在希臘思想中逐漸明朗化了。傅偉勳說：「至於精神與物質如何區別的問題，我們可以根據斷簡一二歸納出『睿智』的三大特點。(1)純然無雜：『一切在一切之中』本是阿氏思想的根本命題，但是『睿智』並不包括在內；精神獨立自存，與物分離，毫不具有任何物性。(2)支配：『睿智』絕不分有任何物性成分，故有資格支配萬物，使之運動變化。(3)認識：『睿智』不但以純然無雜的姿態促成物質運動，更且具有一種認識力量。阿氏說：『……睿智認識一切混合者與分離者。一切未來的事物，過去存在而現已消滅的事物，以及此刻存在的事物，睿智皆予安排秩序……』（斷簡一二，此斷簡表現著阿氏思想的精華部分）。睿智既然能認識並安排物質宇宙，當以善與美為宇宙目的，促使物質宇宙形成整然有序、調和合理的生成歷程。由此看來，阿氏睿智概念又涵蘊著『目的因』（**final cause**）的意義。」（《西洋哲學史》，四八頁）。

另一方面，阿氏形容精神時，仍未脫離空間、稀薄等物質觀念，這告訴我們阿氏所肯定的精神尚不夠純粹。然而阿氏精神觀念的出現，是希臘哲學的一大貢獻，則是不容置疑的。

精神出現於一切有生命的事物中，無論對人，對植物或動物都是一樣的，基本的差別不在精神，而在形體。精神也不是一種創造的力量，精神與物質都是永恆的存在。精神的作用在於使混合的種子發生迴旋運動，以形成現有的宇宙。

亞里斯多德雖也稱讚阿氏以「靈智」為萬物之動力，其說遠較前人進步；另一方面也曾嚴予批評：「阿氏視精神為解圍的神明 (deus ex machina)，藉此說明世界的形成；當他無法解釋一件事物自何原因必然產生時，他隨時隨地拖出精神；但是在其他場合，他卻寧願用其他原因來說明，而棄精神於不顧。」(*Met.*, A4, 985a 15–2)。

無論如何，阿氏將精神原理援引到希臘思想中，雖然沒有予以充分的發揮和運用，對於希臘哲學未來的發展，仍具有劃時代的意義和重要性。

第九章　原子論

原子論 (Atomism) 的創始人有兩位，一是洛西布斯 (Leucippus)，一是德謨克利都斯 (De-mocritus)。羅素說：「要將他們二人分開，為事頗難，因為普通一提及時，都將二人一併提及，而有些洛西布斯的著作，後來歸到德謨克利都斯名下」(鐘建閎譯，《西方哲學史》，卷一，第九章)。

洛氏生平不詳，伊必鳩魯曾否認他的存在，亞里斯多德和德奧弗拉斯都卻肯定洛氏為原子學派的創始人。德奧弗拉斯都斯說洛氏為巴爾買尼德斯學校的一員，狄奧基尼斯在「洛西布斯的生平」中卻稱之為芝諾的弟子。洛氏的成名，約在西元前四百三十年前後，他是美利達斯人。

洛氏的弟子德氏，生平較為確定，他是阿布德拉 (Abdera) 人。他自己曾說，阿納撒哥拉斯年老的時候，他還是個年輕人，因此大多推斷他在西元前四百年前後已經是個著名的人物。他為尋求知識，遍遊各地，曾到過埃及和波斯。在柏拉圖的對話錄中，沒有提及德氏，但是據狄奧基尼斯的說法，柏拉圖很討厭德氏，甚至希望他的著作統統燒掉。亞里斯多德對於德氏卻知之甚詳。洛、德二氏的大部分著作皆散佚不存，僅餘一些斷簡流傳後世。

洛、德二人的原子論是恩培都克利斯哲學的繼續發展，而這種發展是順理成章的。恩氏試圖以機械規律去解釋性質的差異，意在協調巴氏的萬物不變的原則與變化的外在現象。恩氏藉神話式的力量——愛與恨來完成機械活動，原子論則使之排除以建立純粹唯物的機械論。

巴氏肯定「有」存在，「非有」不存在，「實」存在，「虛」不存在。原子論在根本上接受現實不變的原則，另一方面又感到感覺經驗的價值也必須加以肯定，因此不得不修正巴氏的理論，那就是肯定虛的存在；虛是非有，因此非有至少在某種特殊意義之下是可以存在的。德氏主張：「非有與有同樣地存在。」（斷簡一五六）充分的表現了該派的新立場。

那麼「有」是什麼呢？有無數的不可分的單位存在，即原子。原子非常微小，小到知覺不到的地步。原子有大小和形狀的不同，也就是分量的不同，卻沒有性質的不同。原子有堅固性與不可侵入性，在虛空內作機械式的活動，以形成萬物。虛存在，萬有的殊多性才能成立，因為通過虛，有與有才得以區分。不可分的物質是原子，原子不變，類似巴氏的有。原子的本質相同，不同的是形式、秩序和位置。亞氏說：「A與N是形式的不同，AN和NA是秩序的不同，H與H是位置的不同」(*Met.*, I, 4)。

既然原子在本質上相同，精神與物質的差別也只是等級或程度的差別，並非本質的不同，原子論於是與唯物論成了一家人。

原子的動力由何而生呢？原子論對此沒有解答，只肯定原子的分合是偶然性的；但是此不可預料的原子間的衝擊，一次發生之後，即可成為其他原子分合的原因。由此可知，宇宙自整體觀之，無原因可說；自個體講，則又不同。

「因此，他們可能設想，最初原子在周遭的『空虛』中隨處亂撞，朝向四方任意活動。勃納特 (**Burnet**) 說：最穩當的解釋是，他們所謂運動僅是一種任意的混亂的運動。(註：這種推測是根據德氏比喻構成靈魂的原子自日光中的光塵而來，因為光塵可在任一方向運動之故。) 原子的最初活動既是如此，乃導致了原子與原子之間碰撞衝突，更引起一大漩渦。此一迴旋運動乃是世界生成的始源。我們於此可以窺見阿納撒哥拉斯對於原子論的思想影響。」(傅偉勳，《西洋哲學史》，五四頁)。

原始的動力雖然是盲目的，無理可循的，但是一旦發生之後，其他一切運動的產生皆依必然的趨勢，絕無偶然的說法。這就是洛氏所留傳的唯一斷簡：「無一事物生於偶然，一切事物按照理由與必然性發生。」的意義。

「原子論者絕不同意有原子的動力因，因為一切生滅變化的現象原不過是盲目的機械的必然因素所決定的。此一機械論的見解已孕育著一種把握宇宙根本法則的思想幼苗。原子論者並且依據機械論的唯物論觀點反對當時流行著的民間宗教與諸神存在的信仰。德氏認為，神的信仰是人類對於火山、地震、彗星、隕石等異常現象抱有恐懼心理而產生的。因此，原子論者是徹底的無神論者」（傅偉勳，《西洋哲學史》，五四頁）。

德氏使其師洛氏的原子論發揚光大，所不同的是德氏的時代，希臘思想已經由對於自然的探討逐漸進入對於人生的探討，已經由宇宙論時期逐漸轉移到人事論時期。德氏根據他的原子論形上學，開始建立其對認識和倫理方面的學說。

首先德氏亦如其他諸思想家，特別注意到靈魂的問題。靈魂是生命的原理，由較活躍的原子所構成。靈魂的原子為最細微而呈圓形的火原子，浮游於虛空之中，經由呼吸作用而被擠入形體。呼吸的持續正說明生命的延續，而呼吸的停止，正說明生命的結束。

外界原子的流出，經由感官而與靈魂原子相接觸，即產生感覺作用，形成所謂「像」。像通過空氣時，受到空氣的扭扯，因此遠距離的東西使人看不清。

所謂特殊性質 (quality)，即顏色、聲音、氣味等感官的個別對象，都是原子影響感官時所產生的主觀現象，沒有客觀性，也不會使我們對現實有真正的認識，我們把感覺性質當作物理現實乃習慣使然。只有原子的空間特性，如大小、形狀、秩序等才是客觀的因素，只有分量 (quantity) 是客觀的。亞氏述說德氏的主張說：「並非顏色存在，乃通過各種位置，事物在顏色的形式下出現而已。」(*De Gener. et Corrup.* I, 2, 316a, 1)。德奧弗拉斯都斯闡述德氏的意見說：「形狀在己存在，甜美的滋味以及一般的感覺物的存在繫於它物，在於它物。」(*De Sens. et Sensib.*, n. 69)。

機械論否認物質世界有所謂內在的能力，因此也否認能力影響感官時所感受到的實在效果——性質，可見否定性質的客觀性是機械論必然的結論。

德氏輕視感覺認識，他說：「有兩種知識，一是正宗的（真正的），另一種有如私生子（非真實的）。視覺、聽覺、嗅覺、味覺和觸覺所形成的知識皆屬於後者，正宗知識與之有別」(斷簡一一)。可是既然心靈也由原子組成，一切知識皆由外來的原子與主體的直接接觸而形成，二者的根源相同，因此思想與感覺之間不可能有絕對的分別。大體說來，德氏所謂真正的知識，不外是一種共同的感覺而已。

德氏的道德理論並不附合他的原子論，他主張一種幸福主義：「人的一生，最好的事莫過於獲致幸福，越多越好，儘可能的避免煩惱。」(斷簡一八九)。他又說：「幸福並不在於一群家畜或黃金；靈魂才是神明的寓所。」（斷簡一七一）。「神明」(daimon) 乃指善的神明，人由於得到善神的守護而幸福。由此可見，德氏對於人生的看法並不流於通俗膚淺的享樂主義，而強調精神方面的幸福。

他又肯定精神的愉快在於心靈的均衡或協調狀態，已經很接近後來斯多葛學派所主張的「不動心」狀態。因此他也強調適度與節制的必要，他說：「人生短促而充滿許多災難困苦，達觀者能滿足於適度的需要，而不奢望其他。」（斷簡二八五）。他又深深體驗到，為維持精神的均衡，知識的協助非常重要：「無知者的生活毫無快樂可言。」（斷簡二〇〇）。

德氏重友誼，愛好民主，肯定公共生活的意義和國家的價值；在倫理方面並不主張唯物主義和利己主義。機械的原子論迫使洛、德二人遠離傳統的宗教信仰，提出無神論的主張，並予以理論的解釋。這種原始而樸素的無神論可以說是後世各式各樣唯物的無神論的鼻祖。當然原子論的產生，只是希臘哲學中的一環，而這一環由於形上基礎的脆弱，很快地就由柏拉圖和亞里斯多德等偉大的形上學者所超越；可是原子論卻足以告訴我們一個人類思想中的基本現象，那就是為解決宇宙的問題，有神與無神的問題很快地就變成了一個中心問題，尤其當人類的興趣由自然哲學逐漸過渡到人生哲學的時候，神的問題更是無可避免的；另一方面德氏的無神論也提示我們，人類思想在探討「神」的問題時，將會遭遇到很多的困難。聖多瑪斯將來會告訴我們，「上帝」在己是自明的真理，可是對我們的理性來說就不然了。人類對於神的了解，需要排除許許多多的困難，從人性的限制所來的困難。

第十章　詭辯學派

希臘哲學發展到西元前第五世紀中葉，已逐漸喪失原有的獨創精神，學者們趨向於重覆已成定型的理論。同時思想家們也發現自然研究的題材過於狹隘，感到扭轉方向以開拓新境界的需要。當時百家爭鳴，眾說紛紜，內在的矛盾也日漸增加。一方面使我們看到人類思想的偉大，另一方面又不得不承認它的微弱。人祈望達到明晰的真理，在研究工作上，卻遭遇到嚴重的障礙與困難。詭辯學派的產生正說明了當時學術思想上的混亂，人類心靈的困惑，這是過渡時期常有的現象。

現實並非明明白白地呈現在人眼前，任人觀察和研究，卻是與認知主體有密切關係的現象。思想沒有力量超越經驗時，或者是停留在經驗世界，或者是以想像和情感去超越它，那麼結果只有掉在混亂的泥沼中。

他們認為巴氏的不變的有並不存在，即使存在，我們也無法加以了解。真正存在的是「非有」，亦即屬於變化的現象。認知主體與有接觸時，使之主觀化，使之虛無化。即使主體真能認識客觀現實，這種認識也不能傳達給別人，因為語言也是純粹主觀的現象。

感覺認識與理性認識之間，真理與錯誤之間，沒有實在的區別；現象與現實之間並沒有必然的連繫。

善惡也沒有客觀的基礎，凡是對我有益的，適合的都是好的。人的本性是自由的，自由超越一切道德和法律的約束。權力就是法律。但是人為的禮法可以約束人的自由，藉以區分善惡，主持正義。

對於宗教問題，此派大多抱不可知和不聞不問的態度。

詭辯派否認了「有」的現實性，否定了認識的客觀價值，人類思想的功用，不再是探求真理，探求宇宙和人生的秩序，那麼只有圍繞著自己的，個人的感覺經驗打轉。同時語言也失去了解釋現實的力量，只能表達自我的印象。語言與現實脫節，人與人之間的關係也就無從建立，個人變為閉關的，孤立的，隨著自己的喜惡而改變自己的主張。

詭辯派的出現，是西方思想史上一種退化和墮落現象，它的積極價值在於指出了自然主義的限制，同時也告訴我們，否認或削弱精神價值的結果，只有將人關閉在主觀的圈子裡，終將失去探求真理的勇氣。

下面我們簡略地介紹幾位著名的詭辯派學者。

第一節　普羅大哥拉斯(Protagoras)

普氏生於西元前四百八十年前後，其故鄉是阿布得拉(Abdera)，大約於西元前五世紀中葉到雅典，遊學授徒，名噪一時，並得皮里克利斯的重視。西元前四百一十一年被控無神論之罪，乃設法逃亡他邦，中途因沉船而亡。普氏著有《真理》、《論神》、《反駁論》等書，均已散佚，只有少數斷簡留傳。

普氏的根本論點是：「人是一切事物的標準，對於存在的和不存在的事物都是如此」(斷簡一)。這幾句話曾引起爭論，爭論的問題是：「人」是指個人而言，還是指共同的人性呢？「事物」只指感覺認識，或者也指客觀存在呢？柏拉圖在《泰提德斯篇》(*Theaetetus*)中肯定普氏所說的人，乃指個人而言，事物乃指感覺性認識，似乎可信。對於同樣的水，有人感到熱，有人感到不熱，二人皆沒有錯，因為感官的感受雖然不同，卻都是實在的。由此可見普氏的感覺主義，主觀主義，甚至相對主義的論點。

所有的判斷都是感覺判斷，無客觀真理可言。一切判斷既是真理，又是錯誤。普氏認為對於任何事物皆可成立相互對立的兩種判斷，由此詭辯術代替了客觀真理的探求。

或者有人反駁普氏說：至少幾何命題是恆常而普遍的命題。普氏的回答是：在具體的現實內，並沒有所謂幾何的線或圓，因此上述問題根本不存在 (Arist. *Met.*, B 2, 997 b 32–998 a6)。

關於道德問題，普氏是否也主張相對主義？依泰提德斯篇的看法，普氏認為道德判斷也是相對的，善惡之別在於有用與否。依常識之判斷，一事對自己有用即是善，無用即是惡。實用主義或功利主義的色彩非常鮮明。

然而柏拉圖在另一對話錄《普羅大哥拉斯篇》中，告訴我們普氏又主張法律是依人類的某些道德傾向而建立的，雖然每一個國家的法律可以不同，應視實際的利益而定。看來普氏又好像並未完全否定普遍的道德價值。

關於神的問題，普氏持不可知主義，他說：「關於諸神，我不能確知他們存在與否，有形像與否。許多事物阻礙我們有一個確切的知識，例如問題的晦暗不明，人生的短暫等等皆是。」(斷簡四)。

普氏雖倡相對主義，他本人在實踐方面並不走極端，對於當時的倫理習俗仍很尊重，並以德性訓誨弟子。然而相對的感覺論終會大開詭辯之風，導致道德、法律以及宗教的破壞，使人走上懷疑論和虛無主義的境地。

第二節　普羅蒂古斯 (Prodicus)

普羅蒂古斯是西奧島人，據說該島居民生性傾向悲觀，他也受到環境的影響，主張死亡值得企望，這樣可以自人生的罪惡中解脫。對於死的畏懼是不合理的，因為死亡對於生者不足構成畏懼，因為死亡還未駕到；對於死者亦然，因為死者已經不再生存。

他對宗教的起源有其獨特的看法，人類開始把日、月、河、湖、果木視為神祇，因為這些東西有益於人生，供給人食物，例如埃及人敬拜尼羅河，道理就在此。繼之人類把農工方面技術的發明者當作神祇去崇拜。由此觀點而言，祈禱實是無用之舉。普羅蒂古斯為此曾受到雅典政府的煩擾 (F. Copleston, *A History of philosophy*, Vol. 1, p. 92)。

第三節　希比亞斯 (Hippias)

希氏是埃里斯人，與普羅大哥拉斯同時代，以多才多藝著稱。柏拉圖在《普羅大哥拉斯篇》中記載，希氏曾說：「法律是人的暴君，使人在許多行事上違反自然」。

第四節　高爾吉亞（Gorgias）

生於西西里島，是西元前四百八十三年到三百七十五年之間的人，四百二十七年曾奉派出使到雅典，要求雅典協助其故鄉良提尼（Leontini）對抗西拉古撒。年輕時似乎做過恩培都克利斯的學生，喜好自然科學，後受芝諾的影響而傾向懷疑論，著《論非有或自然》一書，提出三大論證。這些論證在西元後三百年左右的名懷疑論者賽克斯都斯（Sextus Empiricus）的著作中可以窺其全貌。

1. 無一物存在，因為如有物存在，此物或是永恆的，或是化成的。但是無一物化成，因為自有自無皆無所化成。也不能是永恆的，因為如果是永恆的，也將是無限的。無限不能成立，因為它不能在它存在，也不能在己存在，因此無一處存在。無一處即是虛無。

2. 如有一物存在，也不能認知。如果對「有」能有所認知，那麼所思也必須是「有」，對「非有」就不能有所思。在此情形之下，錯誤就不能存在，此乃謬論。

3. 如對「有」能有所認知，知識也不能傳達。每一個符號與所標示的東西不同，例如耳所聽的是聲音而不是顏色，我們如何用言語傳達對顏色的認知呢？兩個不同的人，如何能同樣地知覺到一件東西呢？（斷簡一，三）。

高氏的詭辯，破壞了知識的可能性和真理的準確性，其目的在於指出哲學的荒謬，進而稱道修辭學。

詭辯學派是思想史上的一股逆流，它不重視發自人類心靈對於超越經驗世界的真理的期望，它開始對於人類認知客觀真理的能力失去了信心。雖然它的宗旨不在於顛覆來自普遍人性的倫理規則和宗教情操，可是它的感覺主義，主觀主義，相對主義，勢必引起對於傳統習俗、道德和信仰的反感及破壞。他們批評傳統哲學的基礎，對於人生的種種根本問題卻又提不出滿意的答案，最後只有走向懷疑主義和虛無主義的末路。這種思想的暗流，在人類的思想史上，絕對不是最後一次！

希臘哲學如欲尋覓新的出路，如欲開拓新的境界，必須克服詭辯學派所引起的不安，超越時代的暗礁，把握住自我的方向，謙虛地投身於「有」的博大深遠的天地中，追尋真理的底蘊。歷史需要偉大的心靈去完成偉大的任務，蘇格拉底與柏拉圖的出現正逢其時矣！

第十一章　蘇格拉底(Socrates)

第一節　生　平

蘇氏死於西元前三百九十九年，而柏拉圖告訴我們，蘇氏去世時大約有七十歲，故此蘇氏當生在西元前四百七十年前後。傳說其父是一個雕刻匠，並不能確定，而柏拉圖的《泰提德斯篇》(149a) 告訴我們，蘇氏的母親確是助產婦。

蘇氏體健，富耐力，好沉思。青年時代致力於自然的研究，後來興趣轉移到人的研究。德奧弗拉斯都斯謂蘇氏曾加入阿爾哥勞斯 (Archelaus) 的學校，而阿爾哥勞斯是阿納撒哥拉斯的繼承人 (*Phys.* Opin., fr. 4)，無論如何，在思想上，蘇氏曾受阿納撒哥拉斯的影響。阿氏肯定智慧是自然律和秩序的原因，此點給蘇氏的啟發甚大，由此開始研究阿氏的思想，希望能了解智慧如何在宇宙內工作，使萬物井然有序。後來發現阿氏所能提供的只是智慧的任務在於引起旋轉的運動，未能作更深入的說明，遂放棄自然哲學的探討，而逐漸樹立個人的研究方向 (*Phaedo*, 97–9)。

還有一件奇遇也可說明為何蘇氏走向道德哲學的途徑。他的好友賽立風（Chaerephon）在代爾飛神廟為蘇氏祈求神諭，問卜曰：人間有沒有比蘇格拉底更有智慧的人？神諭的回答是：沒有。此事使蘇氏深思反省的結論是：我之所以是有智慧的人，因為我敢於承認自己的無知。從此蘇氏就把尋求確定不疑的真理——真智慧作為自己一生的使命。

蘇氏四十歲前後才娶妻，傳說其妻為一悍婦，此說並無確證。

在宗教方面，據說蘇氏自幼便慣於聽取一種神祕的聲音，而陷入神魂超拔的狀態。這種聲音可能是來自心靈深處的良心的指示，也可能是集中心力在思考問題時所有的出神狀態，也可能是一種神祕的宗教經驗，蘇氏似乎也曾受到歐爾飛宗教的影響。

西元前二百九十九年，三位雅典市民以下列罪名控訴蘇氏：「腐化雅典市民，同時不信仰所遵奉的希臘諸神而信奉新的戴摩尼昂（魔道）」（柏拉圖，《自辯篇》）。其實這只是表面的理由，真正的控訴理由乃是由於蘇氏反對當時腐化的「民主政治」作風。蘇氏在法庭上坦然表白自己平日之所思所信，毫不妥協，觸怒了裁判官們，終以三百六十一票對一百四十票被判死刑。坐牢期間，蘇氏仍與弟子們侃侃談論靈魂的不朽與人生的智慧等問題。好友想協助蘇氏逃奔他邦，不從，堅持服從國法的道理，最後從容服毒而逝。

第二節 思想

蘇氏本人沒有著作，研究其思想的資料，有三個主要來源：一是色諾芬(Xenophon)，蘇氏的朋友和弟子。在他的《回憶錄》(*Memorabilia*)、《蘇格拉底的自辯》(*Apology of Socrates*)、《饗宴篇》(*Symposium*)三部著作中，皆有對蘇氏的記述。這些著作皆成於蘇氏死後，目的是為蘇氏的道德學問而辯護。色諾芬把蘇氏看作實踐的道德家，其用心在使人做好人，做好公民，並不太重視形上問題。實在講起來，色氏對蘇氏的記載很貧乏。

二是柏拉圖的對話錄，視蘇氏為第一流的形上學家。蘇氏並不滿足於解決日常生活的問題，其最大用心在於尋求哲學的超越基礎，觀念世界的建立即其劃時代的貢獻。在柏拉圖的對話錄中，講述蘇氏言行的有：《自辯篇》、《克利多篇》、《米諾篇》、《費多篇》、《饗宴篇》、《費德拉斯篇》。然而在蘇氏的語錄中，到底多少是蘇氏的思想，有多少是柏氏藉蘇氏之口而發揮自己的思想，這是很難推斷的問題。

三是亞里斯多德著作中的記載。亞氏所言大多不出色氏與柏氏所論，但特別指出蘇氏在理論方面的興趣。亞氏又認為真正觀念世界的建立，是柏拉圖哲學的特色。亞氏的看法理應受到重視，他和色氏及柏氏的時代很接近，易於看清問題的關鍵；又身為柏氏的弟子，對柏氏思想的了解也比別人深刻。亞氏認為色氏的記載是片面的，並未完全寫出蘇氏人格及學識的偉大。至於柏拉圖呢？由於對乃師極為敬重，於是將自己特有的理論——理型說，歸於蘇氏，也是很容易發生的事。

當時由於詭辯學派重巧言詭辯，輕視理論和道德，人心困惑，民生凋蔽。蘇氏出，一掃此風，實可代表希臘思想合一精神的重建。詭辯學派的主張使人陷入孤立和悲觀，對傳統的崇尚理性，熱愛真理的精神來說，實是一種逆流，一種消極的歪風。蘇氏以其高風亮節，真知灼見，挽回了希臘思想的厄運，也拓展了西方思想的光輝前途。

蘇氏自始就認為認識活動與道德活動的不可分與合一性，靈魂的核心在於理性，而理性最重要的功能則在於分辨善惡，遠離黑暗，奔向光明，這才是真正的智慧。哲學在於使人獲致客觀的知識，尤其是實踐性的道德原理，以走上善的途徑。蘇氏曾藉女司祭之口肯定哲學家之愛是對智慧的思慕 (Eros)。

理性的進展沒有限制，人生的任務也沒有止境，非理性的克服也永無終止，「問題性」屬於人的內在本質。真理內在於心靈的深處，思想是心靈的共融，人與人之間的對話。對話能使人清除偏見，走向真理。真理不是外在的，要回到內心去找，認識你自己，問你自己，超越你的個別經驗和你的偏見，到心靈的深處去尋求普遍的，基本的真理。

亞氏說：「論知識的改進，蘇氏有二功，歸納法和普遍觀念之定義的建立。蘇氏並未使共相成為獨立的存在，以理型世界為獨立存在的世界乃柏氏的主張 (*Met.*, XIII, 4, 1078b)」。

蘇氏自稱其求知方法為助產術，可能由於其母為助產婦而得到啟發。他說：我不是智者，不會授人以知識，但能助人產生知識。這是一種新的歸納法，由經驗的多樣性到達知識的普遍性。

蘇氏的實際方法是怎樣的呢？是一種如何與人交談的方法，目的在使人吐訴對某一問題的看法和觀念。例如談到「勇敢」一事，蘇氏首先肯定自己的無知，探問對方願否加以指教。對方既然談到這個問題，對此必然有自己的見解。當對方對「勇敢」一事加以描述或限定時，蘇氏即表示滿足，但仍指出一兩個困難，請求對方給予更詳盡的說明。這樣繼續交談下去，以期獲得一個完整的認識。這種由個別認知到普遍觀念，由不完全的認知到完整認知的進行方式是辯證式的，也就是所謂歸納法。色諾芬曾提到蘇氏如何通過這種方法以尋求道德的普遍原則，柏拉圖在《優蒂弗龍篇》內描寫過蘇氏如何藉此法尋求「節制」的本質；《利西斯篇》則給我們描寫如何尋求「友誼」的本質。

詭辯派否認普遍而必要的知識，蘇氏則肯定普遍觀念之不變與重要性。屬於變化的是個別的事物，個人變，人的定義——人乃理性動物——不變。

有人認為普遍觀念是純主觀的產品，但是這種說法，難以解釋我們如何能形成此種觀念，並且急於形成它們，如果它們在客觀現實內毫無基礎。顯然在個別的，變動的對象和普遍觀念之間有很深的對立與差異，但是這並不足以抹煞普遍觀念的意義。

為了解蘇氏之所以強調普遍觀念的重要，並不困難，因為他極重道德，而普遍觀念之成立，正足以推翻詭辯學派的相對主義，以建立絕對價值，而絕對價值是道德的基石。依詭辯學派之說，正義是相對的，每一個地方有每一個地方的正義，正義在雅典與在羅馬不同。如果我們能獲致正義的定義，以抓住它的本質，此時正義即獲得普遍的價值，在任何地方，對任何人來說都會有效。

求知的目的在於發現真理，然而並非為了獲致理論的滿足，而是為了得到聖善的生活。蘇氏承認自己的無知，不是出自虛偽，而在於使自己求得真知，也啟發別人走上至善之道。

蘇氏強調客觀知識為道德實踐唯一可靠的途徑，並且主張「知德合一」之說，知即是德，德即是知。既然沒有人不關懷自己的靈魂，一定不會具有知識而作壞事。蘇格拉底的道德觀充滿了樂觀的精神。《普羅大哥拉斯篇》闡述蘇氏的思想說：「一切皆是知識，正義、節制、勇敢等莫不如此」(361b)；「德行與智慧不分，邪惡的根源是無知」(360d)。

蘇氏受歐爾飛宗教的影響，深信靈魂的不朽和價值（見費多．費德拉斯，《共和國諸篇》）。靈魂是思想和意志的主體，由此亦可見真智慧的重要。人生與真理之間的關係非常密切，沒有正確的知識，也無法實現聖善的生活。

由蘇氏的「德知合一」的主張，可以窺見他對於道德的重視。在《自辯篇》中，蘇氏勸人把德行放在利益之前，並以此為人生行事的準則。他在批評當時流行的膚淺主張時，目的也是在引人為善。他重視政治，也不是為了興趣，而是看到政治與道德之間的關係。就如孔子，也關心政治，但並非為了名利，而是為推行仁道。

人應該向善，只有善是真正有益處的，也能給人真正的幸福。善的對立點是惡，一個人如果真正了解惡不會使人幸福，自然就不會去犯罪作惡。真正的幸福是本性的和諧。

由德知的合一，亦可見德行的合一性，只有一個德行是最根本，也是最有益的，那就是導致心靈的健康與和諧的德行。德行是可以教導的，同時真正的教導絕不僅是觀念的貫輸，更是使人由認識自己而修德行善。

在宗教方面，蘇氏受傳統信仰的影響，曾用多數去談論神，但顯然已經傾向於肯定更純粹的神性的觀念。依他的看法，神的知識是無限的，神是無所不在的，神知道人的所言所行。神最了解何為善，人單純地為獲得善而祈禱足矣，不應為某些東西，例如金銀而祈禱。蘇氏似乎未曾特別留心一神和多神的問題。

人的形體由物質成分合成，取材自物質世界，同樣人的理性也是宇宙的普遍理性的一部分，由此可以看到以人為中心的目的論的伸展而及於整個的宇宙現象。神賜人以光明，人因而能視；神藉大地賜人以食物，用以昭示其照顧，神使太陽與地球間的距離適度，否則人會感到太熱或太冷。這些觀察顯然受到了宇宙論學者的影響，然而蘇氏不是宇宙論者或自然主義者，也不是神學家，他最大的興趣與用心在於道德問題。

我們如欲了解蘇氏在西方思想發展過程中的重要地位，必須對蘇氏以前的希臘哲學加以反省。希臘人自始就對理性充滿信心，抱著樂觀精神去探討宇宙的奧祕。他們似乎感到一種迫切的需要，那就是突破千變萬化的現象，探討「有」——「現實」的本質和意義。最初的一段摸索是艱鉅的，一方面他們肯定通過萬變以求不變，通過表面的衝突以求絕對基礎或真理的重要；另一方面越來越發現他們探討的方向，由於傾向外在化的結果，而忽略了認知主體——人的決定性地位，於是感到迷惘與困惑，詭辯派的破壞性的和悲觀性的逆流作用由是而生。然而一時的混亂並不足以消滅人類對於理性、秩序及和諧的信心與嚮往，因為這些確是深植於人類心靈深處的。蘇格拉底一方面重新發揮理性的功用，強調普遍觀念的客觀價值；另一方面藉普遍的客觀真理，給人生開拓更遠大的領域，建立嶄新的倫理哲學。「德知合一」的肯定是西方思想史上的一大進境，理論與實踐的融合才能使我們窺見全部的人的存在。蘇氏致力於道德法則和德性真義的確定，經常藉對話方式層層發掘「何為德？」（《普羅大哥拉斯篇》，《米諾篇》，《共和國篇》）；「何為勇？」（《拉克斯篇》）「何為節制？」（《加爾米得斯篇》）；「何為宗教熱忱？」（《優蒂弗龍篇》）；「何為友誼？」（《利西斯篇》）；「何為正義？」（《共和國篇》，《高爾吉亞篇》）；「何為美？」（《費德拉斯篇》，《希比亞斯篇》）；「何為不朽？」（《費多篇》）等等各詞的義蘊。蘇氏對此類價值概念的探求，多半沒有獲致決定性的結論。然而重要的是，他深信此類概念必須具有客觀與正確的意義，否則人類生活的一切倫理實踐無從建立可循的規準（傅偉勳，《西洋哲學史》，七〇——七一頁）。

同樣蘇氏雖然對於「神學」未有特殊的發現，可是由於他肯定客觀的普遍真理和道德規準的存在的必要，不但給人學開拓了嶄新的境界，給神學也指出了發展的方向，因為客觀知識的肯定，必引人走向絕對真理的肯定；普遍的道德原則的建立，必引人肯定善惡的絕對而超越的標準或基礎——至善的肯定。

蘇氏是集過去希臘哲學之大成的一個人物，更是一個偉大精深的思潮的先驅人物，經過繼之而起的柏拉圖和亞里斯多德的努力，我們始能看到這個思潮的全貌，同時西方思想對於「有」的奧祕的窺探，可說是登堂入室了。

第十二章　小蘇格拉底學派

蘇氏一生風塵僕僕，斥惡勸善，不顧私利，為真理和道德服務，認為這是上天所賦予的使命。他只是口頭施教，未曾著書，也不曾設校授徒。但是在他的弟子中，頗有不少取其思想的一端，兼納別家之說，試圖繼續將蘇氏之思想，發揚光大，後世稱之為小蘇格拉底學派。這些學派並未有特殊的成就，而真正能承襲乃師博大精深的思路，終能青出於藍而勝於藍的，捨柏拉圖不會有第二個人。

第一節　美加拉學派 (School of Megara)

此派的創始人是優基利德 (Euclid)，美加利人，為蘇氏早期弟子之一，蘇氏去世時，優氏也在場；蘇氏死後，曾偕柏拉圖及其他同門逃往美加利。

優氏先承受伊利亞學派的學說，試圖使之與蘇格拉底的道德論相結合，而肯定巴爾買尼德斯的至一即是至善。狄奧基尼斯曾謂優氏主張至一可由許多名稱來稱謂，可稱之為上帝，為至理 (*D. L.*, 2, 106)。至善是唯一原理，此外不可能有與之對立的原理存在，否則必將肯定殊多之存在，而殊多對伊利亞學派來說是虛幻的。

優氏弟子優布利德斯 (Eubulides) 善長爭辯術，喜用歸謬法 (Reductio ad absurdum)。例如他藉「堆積命題」以證明殊多之不可能。他說一粒米不能成堆，再加一粒仍不能成堆，那麼加到何時才有堆可言呢？這種論調顯然受了芝諾詭辯式論證的影響。

該派另一位哲學家狄奧德魯斯 (Diodorus Cronus) 肯定「實現」與「可能」的合一，只有實現的才是可能的。他說：可能的不可能成為不可能的。那麼，如果矛盾中的一邊實現了，另一邊就是不可能的。因此，如果另一邊以前是可能的，那麼不可能的將自可能的而來。因此，它以前本來就是不可能的，那麼只有實現的才是可能的。例如宇宙存在與宇宙不存在乃矛盾命題，但是宇宙既然確實存在，因此宇宙不能不存在。如果宇宙不存在成為可能，那麼可能性將變成不可能性，此乃不能成立之事。由此可知，不可能宇宙不存在。

第二節　犬儒學派 (Cynics)

此派的名稱或來自該派學者生活方式的怪誕，或來自該派創始人安提斯代尼斯

(Antisthenes) 執教的學校基諾撒爾基斯 (Kynosarges)，或兩種來源兼而有之。

安氏 (445–365 B. C.) 先是詭辯學派大師高爾吉亞的門生，後從蘇格拉底學，對蘇氏甚恭敬。他特別推重蘇氏的卓立獨行的精神，並以此為生活的目標。殊不知蘇氏的獨立精神，其目的在於追求真知與真善。安氏卻主張德行在於拒絕人間的佔有與快樂，將蘇氏此一消極的觀念變為積極的目標。他認為德行本身就是幸福，德行是欲望的消除，無為的自由，完全的獨立。犬儒派誇大了蘇氏的某些觀點，對道德立論遂走向偏激。

安氏又否定觀念的價值，認為只有個體的存在才是真實的。他說：「柏拉圖呀，我只看到馬，而看不到馬的本質！」(Simplicius, In Arist., *Categ.*, 208, 29f., 211, 17f.)。他又主張每一件事物只能運用自己的名稱，例如我們只能說：「人是人」或「好是好」，而不能說：「人是好的」(Plato, *Soph.*, 251b)。一個個體的謂詞只能用來指稱它的個體本質，而不能指稱群體。由此安氏否認理型之說，另一點由此而來的肯定是自我矛盾的不可能。如果一個人講述不同的事物，他是在講述不同的對象 (Arist., *Top.*, A XI, 104 b 20)。

德行是智慧，智慧主要地表現於獨立。財富及享樂都不是真善，痛苦或貧窮也不是真惡。孤行卓立的人，不怕任何罪惡的侵犯。智者超越法律和習俗，理想的生活是與世無爭。傳統的國家觀念和法律，甚至宗教都應輕棄。

神只有一個，希臘的多神信仰只是沒有根據的俗見。敬神在於修德，廟堂、祈禱、祭祀等皆應廢除。

該派又有狄奧基尼斯 (Diogenes of Sinope)，大約死於西元前三百二十四年，稱安氏為號筒，因為他並未依其理論而生活 (Diog, *Laert.*, 6, 20)。狄氏被放逐，大部分時間生活在雅典，死於格林多。自稱為狗，強調人當以動物的生活為典範。他要再造價值，提倡動物和野蠻民族的生活方式，以與希臘文明對抗。據說他主張妻子兒女應該屬於公共團體，又自稱為世界公民 (*D. L.*, 6, 72)。

第三節　西樂乃學派 (The Cyrenaic School)

此派由阿利斯提布斯 (Aristippus) 所創。阿氏生於西元前四百三十五年前後，四百一十六年到雅典，先從普羅大哥拉斯學，後拜蘇格拉底為師。

因受詭辯學派大師普羅大哥拉斯的影響，主張只有個人的感覺能給我確定的知識，對於事物本身以及別人的感覺，不可能有確定的知識。主體的感覺因此成為實際行動的唯一規準，那麼行為的目的在於獲致愉快的感覺，便成為自然的結論。

阿氏肯定感覺在於運動，運動溫柔，即產生愉快；反之，運動粗野，則產生痛苦。知覺不到運動時，沒有愉快，也沒有痛苦。感覺性的快樂就是人生的目的，於是在西方哲學史上，出現了所謂快樂主義（Hedonism）。

蘇氏亦嘗稱德行為獲致幸福的途徑，幸福是修德行善的動機。人心追尋幸福，本性使然，絕不意謂著什麼功利主義。蘇氏也從未肯定快樂是人生的目的，更沒有以感性快樂為人生的根本。阿氏顯然誤解了乃師的主張。

阿氏雖倡感官的滿足，但是又強調智者應顧到未來，不可由於圖一時之快或因沒有節制而招致痛苦，例如受到國家法律的制裁。因此智者當知抑制欲望，以避免痛苦，由此亦可見在該派學說中，感覺與判斷之間的矛盾。此點曾引起其弟子之間的意見分歧。無神主義者戴奧都魯斯（Theodorus）主張判斷固然有其價值，個人的放縱行為也不應受到限制與責斥。智者不必為國犧牲，只要環境許可，偷竊和奸淫的行為也不能算作過失。

賀基西亞斯（Hegesias）的主張也與戴氏大同小異，人生當以逃避痛苦及煩惱為目的。西賽羅曾記述，賀氏在埃及的亞歷山大講學時，曾引起許多自殺行為，因而受到禁止（Cicero, *Tusc.*, I, 34, 83）。

安尼希利斯（Anniceris）則主張避免過激的快樂主義，才是正道。他提倡對於國家、家庭的愛，重視友誼，知恩等德行，因為這些都會給人快樂，即使要求我們有所犧牲，也不應退縮 (*D. L.*, 2,96 f., Clem. Alex., Strom., 2, 21, 130, 7f.)。

小蘇格拉醫學派大多取蘇氏學說之一端，揉合別家之說，因而失去中庸之道，以偏概全，流於膚淺、庸俗或怪誕，在理論上沒有精深的建樹，在實際方面也缺乏可取的地方。毫釐千里的道理在哲學史上也屢見不鮮。然而偏激的苦行主義和享樂主義雖然在西方思想史上，未能佔有重要的地位，對後世的哲學多多少少仍有其悠久的影響，也可以使我們看到西方人的性格易於走極端的一面。拋開理論的基礎不談，這些不同的人生態度，刻畫著一個人心深處的根本需要，那就是人生來需要幸福，需要真正的幸福。

主觀的需要當然並不能作為客觀存在的基礎，然而如果人性也屬於客觀現實的範疇，那麼隱藏在人性深處的迫切需要，多少影射著一個客觀真理的存在。如果古人所追尋的絕對真理就是至善，那麼絕對真理本身也應該有力量帶給尋求他的心靈以真正的幸福！

第十三章　柏拉圖(Plato)

第一節　生　平

柏拉圖(427–347 B. C.)生於貴族之家，雅典人。據亞里斯多德《形上學》第一卷的記載，柏氏少年時代曾與赫拉克圖斯一派的哲學家克拉蒂路斯(Cratylus)交往甚密。二十歲前後始遇蘇格拉底，深受其思想與人格的薰陶。柏氏一生對蘇氏非常敬重，其對話錄中的一部分即是為闡述乃師的節操和思想而寫的。

蘇氏服毒而取義時，柏氏年約二十八歲，起始偕開創美加拉學派的優基利德及其他同窗退隱到美加利，以避風險，不久重回雅典，開始遊歷時期。根據可靠史料，柏氏曾遊義大利和西西里島。

在西西里島時，很可能與畢達哥拉學派的人士交遊。回雅典後，設立學苑，可稱之為西方第一所大學或研究院，時在西元前三百八十八年左右。柏氏的學苑一直延續到西元後五百二十九年，前後歷九百餘年，不能不算是西方文化史上的一件大事。柏氏在他的學苑內從事教育工作二十餘年，教授哲學、數學、天文、物理、音樂等學科，大部分的對話錄成於此時。

柏氏自西西里島回雅典前，曾到西拉古撒，結識當地暴君狄奧尼修斯一世，其姻親狄恩頗敬重柏氏。柏氏由於他的直率態度和政治見解，激怒了狄奧尼修斯，被出賣為奴，幾乎死於非命，幸而由西樂乃學派的安尼希利斯贖回。三百六十六年前後，柏氏再度遊西拉古撒，希望在政治上有所作為。當時狄奧尼修斯一世已死，由二世當政，狄恩仍在朝，向幼主鼓吹柏氏的政治理想，打動了幼主的心意，遂邀柏氏第二次來西拉古撒。然而不久，由於反對派的策謀取勝，加以幼主量小，妒嫌狄恩的聲望，加以放逐，柏氏亦掃興而歸。三百六十一年左右，二世又邀柏氏前往教導哲學，柏氏遂有第三次西拉古撒之遊。當時柏氏努力調解二世與狄恩間的舊怨，但終歸失敗，遂悄然而歸。從此專心於著作和學苑教育，不再過問政治。

第二節　著　作

依年代的先後，柏氏的作品可分為四期：

第一期：蘇格拉底影響期

1.《自辯篇》(*Apology*)——記述蘇氏在法庭上所作的自我辯護。

2.《克利多篇》(*Crito*)——記述蘇氏在監獄中的生活和言論。

3.《優蒂弗龍篇》(*Euthyphron*)——討論宗教虔誠的性質。

4.《拉克斯篇》(*Laches*)——論勇敢。

5.《埃恩篇》(*Ion*)——反對詩人和狂放文人。

6.《普羅大哥拉斯篇》(*Protagoras*)——論德知合一。

7.《沙爾米德斯篇》(*Charmides*)——論節制。

8.《利西斯篇》(*Lysis*)——論友誼。

9.《國家篇》卷一 (*Republic, Vol.I*)——論正義。

第二期：轉變時期

10.《高爾吉亞篇》(*Gorgias*)——論正義。

11.《米諾篇》(*Meno*)——就知識即回憶論德行之可教導性。

12.《優蒂德木斯篇》(*Euthydemus*)——批判詭辯學派。

13.《希比亞斯第一篇》(*Hippias I*)——論美。

14. 《希比亞斯第二篇》(*Hippias II*)——論故意為惡與無心之惡的不同。
15. 《克拉蒂路斯篇》(*Crathylus*)——論語言。
16. 《美尼克西納斯篇》(*Menexenus*)——對修辭學之諷刺。

第三期：成熟時期

17. 《饗宴篇》(*Symposium*)——論一切人間之美不過是絕對美的影像，靈魂則因熱情之鼓舞而追求美自身。
18. 《費多篇》(*Phaedo*)——論理型與不死。
19. 《國家篇》卷二至卷十 (*Republic*, Vol. II–X)——討論國家、倫理與靈魂等問題，提出形上學的二元論。
20. 《費德拉斯篇》(*Phaedrus*)——論愛的本質，論哲學和修辭學的可能。

第四期：晚年作品

21. 《泰提德斯篇》(*Theaetetus*)——討論知識問題。
22. 《巴爾買尼德斯篇》(*Parmenides*)——為理型論辯護。
23. 《詭辯者篇》(*Sophistes*)——再論理型論。
24. 《政治家篇》(*Politicus*)——論智者政治。

25. 《費來布斯篇》(*Philebus*)——論善與快樂之關係。
26. 《蒂買物斯篇》(*Timaeus*)——論自然科學。
27. 《克利蒂亞斯篇》(*Critias*)——理想農業國家的構想，與海權國家的比較。
28. 《法律篇》(*Laws*)——論政治的現實性，放棄共和國的烏托邦主義。
29. 《伊比諾米斯篇》(*Epinomis*)——重申法律篇的觀念。
30. 《書簡十三篇》——其中第七第八最重要。

我們大約可以確定地說，第三期的作品成於柏氏第一次遊歷西拉古撒之後，也就是西元前三百八十七年之後；第四期的作品成於第二次遊歷西拉古撒之後，也就是三百六十六——三百六十五年之後；《克利蒂亞斯篇》和《法律篇》則成於第三次遊歷西拉古撒之後，也就是三百六十一——三百六十年之後。書簡第七第八寫於狄恩去世之後，也就是三百五十三年之後。

第三節　蘇格拉底與柏拉圖

蘇氏重視對話，柏氏承繼乃師的作風，他的著作都採用對話的方式寫成。柏氏認為對話在語言中是最完全，最有效的方式，是研究和探討最理想的表現。依照蘇氏的看法，真理的探討就在對於自己和他人不停的考查，這就包括了「問與答」。柏氏認為思想本身即心靈與自己交談，此即所謂內在的對話，心靈自問自答 (*Theaetetus*, 189e, 190a; *Sophistes*, 263a; *Philebus*, 38c–d)。語言或文字無非是傳述對話的方式。

對於柏氏，對話是表達和傳述哲學探討的唯一方式。對話使我們看到哲學探討的工作是緩慢的，辛苦的，逐層漸進的，同時它也會把許多人的努力聯合起來，使我們看到哲學的共融性。可見柏拉圖與蘇格拉底同樣相信，哲學不是許多學說或主張的系統化，而是不停地製造問題的探討，透過這些探討以窺視人生的意義。傳說一位太太在念過柏氏的著作之後，縫了一件衣服送給他；另外一個農夫讀過《高爾吉亞篇》之後，放下了犁，就去尋找柏氏。這些小故事說明當時的人，確實瞭解了柏氏哲學對於人生的啟發和價值。

柏氏一生忠實地服膺蘇格拉底的人格和學問，為瞭解柏氏的思想活動，這是不能忽略的一點。當然我們不能肯定柏氏的學說全部出自蘇氏，尤其是柏氏那些根本的，代表性的主張，甚至可以說完全與蘇氏沒有關連；可是無可否認的，柏氏確實不斷地努力將乃師的道德和學問的真正意義發揚光大。為實現這一層，有時竟不惜超越了乃師的主張，把一些蘇氏未曾教過的原則和學說歸於乃師名下，認為蘇氏必然會如此主張。

柏氏初期的作品完全受蘇氏的影響，自無疑問，後來逐漸脫離老師的影響而形成個人的學說，那就是有關理型 (Idea) 的學說。然而這並非說柏氏不再忠於乃師的思想，更好說柏氏的努力在於更深入的指出蘇氏思想的形上原則，至少在柏氏的主觀意識中，這種解釋是可以立得住的。在許多對話錄中，柏拉圖都表現了過分的小心，惟恐遠離蘇氏的精神 (*Parmenides, Sophistes, Politicus, Timaeus*)。如果說柏氏的全部哲學在於發揚蘇氏的哲學人格，也不為過。

第四節　蘇格拉底思想的維護與發揚

《自辯篇》(*Apology*) 與《克利多篇》(*Crito*) 旨在介紹歷史性的蘇格拉底；《埃恩篇》(*Ion*)，《希比亞斯第一篇》(*Hippias I*)，《拉克斯篇》(*Laches*)，《加爾米德斯篇》(*Charmides*)，《優蒂弗龍篇》(*Euthyphron*)，《希比亞斯第二篇》(*Hippias II*)，《利西斯篇》(*Lysis*) 的目的則在於指出蘇氏哲學的基本觀念。

《自辯篇》推崇蘇氏的使命——探求真理的使命。「一個沒有探求的生命不值得吾人度過。」(*Ap.*, 38)，這句話足以代表全篇的中心思想。蘇氏向裁判官們宣稱，自己永遠不會放棄上天所託付給自己的使命，那就是認識自己和別人，以尋求知識與德行的途徑。顯然柏氏深信老師的使命也就是自己一生努力追尋的目標。

在《克利多篇》中，蘇氏發現自己面對著的是一個兩刀論證：或接受死亡以表示尊重國家的法律，這是正人君子之所為；或依朋友們的建議，逃離監獄，因而背棄自己的原則。坦然地接受死刑乃蘇氏忠實於自己的主張和理想的決定性的證明。面對著自己的使命，智者不應為了利害的關係而低頭，而讓步，而逃避，縱然必須犧牲生命，亦當在所不辭。

在另外幾篇中，柏氏勾畫出蘇氏思想的基本觀念，給我們指出蘇氏思路的方向，重點在於探討倫理生活的基礎。在開始一個探討之前，必先承認自己的無知。《埃恩篇》及《希比亞斯第一篇》兩篇即以「無知」為討論的中心。

一個人不瞭解自己的無知，因而不知道努力認識自己，那才是無知中的無知。埃恩是一個文學家，自誇是研究荷馬的專家。柏氏所說的埃恩，大概可以代表當時隨處可見的偽智者，他們能背誦荷馬的詩，隨時隨地加以引用，自以為掌握了希臘最古老和最有價值的智慧。柏拉圖卻指出，荷馬也好，這些文人也好，皆一無所知。他們無所不談，不以智慧之名，而是藉神明的靈感。如果在歌頌戰爭時，他們的知識是真知識，那麼他們不只會唱，也將會實際指揮軍隊。

《希比亞斯第一篇》用一種似非而是的方式談論「無知」。柏氏指出只有正人君子才會明知故犯，因為明知故犯即是有意識地知道分辨好壞，而仍然選擇壞事。那麼誰是會分辨好壞的人呢？當然是正人君子。可見只有正人君子能明知故犯。這個看來不合理的結論，其深義在提醒我們，真知才是真善，一個有真知的人，不可能明知故犯，只有不認識什麼是善的人，也就是無知的人，才會作惡。

為證明此點，必先假定德行的合一性。《拉克斯篇》(*Laches*) 藉「勇敢」的限定以證明上述結論。柏氏首先肯定勇敢是一個特殊的德行，即對於應該或不應該畏懼的事物的認識，亦即對於未來的善惡的認識。然而善惡並不只限於未來，也與現在和過去有關，因此對於善惡的認識，不應只限於未來，而應注意到整個的善與惡；此種知識已經不是一個特殊的德行——勇敢，而是完全的德行。由於限定一個德行的性質，即可達到限定德行的整體性的性質，其實將德行分割為許多部分根本就不可能。

《沙爾米德斯篇》(*Charmides*) 的主角克利蒂亞斯肯定智慧是對自己的認識，亦即瞭解自己之所知與不知，因此稱之為知識的知識。蘇格拉底卻指出這樣的知識應該有自己的特殊對象，就如沒有無所視的「看」，「看」就必有限定的目標，那麼知識也不能以知識為對象，而應該有自己特殊的對象，否則將成為一無所知的知識。此篇探討的目的在於指出，智慧如果是知識，當以善為對象；如果善的知識不再只是智慧，同時兼智慧和勇敢而有之，那麼就成為完全的德行了。

在《優蒂弗龍篇》(*Euthyphron*)中討論希臘人所最重視的德行——宗教虔誠。一般的人認為虔誠乃處理人與神祇之間互惠的技術，人向神祇敬禮膜拜以獲取幫助和好處。那麼虔誠行為的目的在於使神滿意，不只要使一個神滿意，並且要使眾神滿意，因為神與神之間也有不和的情形。因此就會產生一個根本問題：事之所以神聖，乃由於能取悅神祇，而並非由於是神聖的，才取悅神祇。由此可見，通俗的見解是立不住的，必須重新檢討「宗教虔誠」的定義。是否可以把它看作正義的一部分，對於敬禮神祇應盡的正義？果真如此，虔誠仍在於完成神祇所滿意的行為，又回到了原先所作的解釋。對話的結論是沒有結論，這告訴我們不只對於宗教虔誠的通俗見解應受到排除，根本就無法把虔誠當作一個個別的德行。柏氏的意向是肯定德行之合一性的重要。

同時柏氏也談到德行的對象和價值。我們常說這個行為很漂亮，那個演講很漂亮。漂亮是什麼？柏氏在《希比亞斯第二篇》中給我們解答這個問題，結論是漂亮與善不分，美與善不分。我們不能把美的當作合適的，因為合適只是美的外在表現；也不能把美當作有益的，因為有益的產生善，是善的原因。所有的德行在知識內合一，人類行為的對象或目的，即所謂美，合宜或利益皆在善的觀念中合一。

善也是人與人之間關係的終點和基礎。柏氏在《利西斯篇》(*Lysis*) 中告訴我們，友誼不建立在人與人間的類似或不類似上，因為一個人在與自己相似的人身上，找不到自己沒有的東西，反之又不能愛與自己不相似的人。人之所愛和所欲只是善。人愛小善，是因為小善與大善相關，至善才是人唯一的，真正的朋友，其他可愛的事物不過是至善的形像。

由上述的對話錄，我們可以看到兩個結論：一是個別的德行不存在，德行只有一個。二是人的行為和人與人之間的關係只有一個目的和價值，即是善。

第五節　駁斥詭辯學派

《普羅大哥拉斯篇》(*Protagoras*) 駁斥詭辯學派的態度，對於德知的合一提出積極的證明。普羅大哥拉斯自稱為德行的導師，蘇格拉底卻指出普氏所說的德行不是知識，乃藉經驗偶然獲得的一些本領，因而屬於私人所有，不可教導，也無法傳授給別人。詭辯學派的主張沒有教育價值，也沒有人文的內容。反之，蘇氏的學說則充滿了教育和人文的價值。

《優蒂德木斯篇》(*Euthydemus*) 反對爭辯術。爭辯術乃舌戰之技術，凡對方所言，無論真假，全部予以駁斥。此對話錄中的兩位主角，一邊尋開心，一邊求證。例如先肯定只有愚人才能領悟，然後立即又肯定只有智者才能領悟；先肯定只能領悟不認識的事物，然後又肯定只能領悟已經認識的事物。此種詭辯的基礎建立在錯誤不可能的主張上，所指無論是何事，都是存在之事，因此都是真實的。蘇氏反駁這種主張說，果然如此的話，吾人將無所教導，無所領悟，爭辯術本身亦將失去用途。除了智慧，無可教導，要想得到智慧，必須愛智慧，必須研究哲學。

《克拉蒂路斯篇》(*Crathylus*) 反對語言主義。克氏和詭辯派皆認為語言是使我們認知事物本性的方法。柏氏當然並不主張語言純屬因襲而來的產品，名詞只是任意的虛構。工具應適合於目的的完成，語言應適於使我們分辨和教導事物的本性。每一個名詞都是為表達和仿效所指事物的本性而製定的，是顯而易見的事。但是並非所有的名詞都有這種自然的特性，有些名詞，例如數字，則完全是由因襲而製定的。無論如何，柏氏認為不能支持克氏的意見，肯定名詞的知識即是事物的知識，捨此就沒有其他探討現實的途徑。名詞的成立，必先假定對於事物的認知，最初找到名詞的人，必須藉其他途徑認識事物，因為他們還沒有名詞可用。我們為判斷名詞的正確性亦然，我們不能藉別的名詞以判斷名詞，必須就現實加以判斷，因為名詞正是現實的形像。為瞭解和判別語言的價值，必須超越語言以就事物的本性。

柏氏在《高爾吉亞篇》(*Gorgias*) 中反駁詭辯派的主要技術——修辭學。詭辯派把修辭學看作說服的技巧，根本不必關心主題的正確與否，只賴修辭學足以推翻對方的任何觀點。柏氏則以為一個技術或知識，如欲產生說服的力量，必須針對自己的對象和目標，必須有客觀的真理作為根據。修辭學沒有自己的對象，無所不談，其所能說服的人，無非是一些無知之徒，或一知半解之輩。可見修辭學不是藝術，只是諂言媚語的技巧，虛有正義的外表，而不顧其實。修辭學可以用來掩飾自己的不公正，以逃避應受之罰，然而所得並非真正的利益。承受不公義並不是惡，違反公義才是惡，因為不公義傷害心靈；逃避因違反公義而應受的處罰是更嚴重的惡，因為使心靈失去贖罪以自救的機會。修辭學之所以對公義抱無所謂的態度，說明詭辯派將公義只看作是一種因襲慣例而成的見解，只有愚者才對之表示內心的尊重。本性的法律乃是強者的法律，強者只顧滿足個人的需要，根本不在乎正義與否。強者力圖克服他人，能力即是可靠的規律。柏氏極力反對這種冷酷的非倫理主義，並提出警告說，一個不知道節制自己的人，不會是好人，也不會幸福，追逐這個快樂，又追逐那個，就像一個沒底的水桶，永遠裝不滿。快樂乃需要的滿足，而需要呢，即是缺乏，即是痛苦，快樂與痛苦互為表裡，從不分離。只有德行可以致善，而德行乃人生之秩序和規律。善良的靈魂乃有秩序的靈魂，必然是有智慧的，有節制的，也是公正的。

德行即是知識，因此可以教導，也可以領悟。何謂領悟？何謂瞭解？此種瞭解必會形成人與人之間，人與知識之間的關連，這種關連有何性質？德行在於真知，此真知是什麼？此真知之對象為何？這些都是柏拉圖應該進一步提供探討與解答的問題。

第六節　認識與理型

《米諾篇》(*Meno*) 專論認識問題。詭辯學派認為我們所認知的或不認知的都不能成為認識的對象，因為已經認知的，不必再去認知，而自己所不知的，更無法去認知。柏氏提出回憶之說以反駁上述觀點。

靈魂不死不滅，且能多次重生，因此每一件事物都看到過，遂能記憶以前所知道的東西。靈魂記起一件事物時——此即領悟——一切問題皆可迎刃而解，只要靈魂有勇氣和耐心去探討與學習，探討即是回憶。詭辯派的理論使人疏懶成性，因為它不鼓勵人學習，而靈魂不死與回憶之說則使人勤於探討。此說指出本性的合一性原理，宇宙的本性與靈魂的本性是合一的，為此由一物的認知，即可瞭解其他千萬個事物。物與物互相關連，一個認知的活動與其他活動之間也相互連繫。「回憶」之說的來源是歐爾飛宗教和畢達哥拉學派所信仰的輪迴與生生相息的神話。

如果認知可能，德行既是知識，因此德行也可以認知和教導。如果詭辯派的學者或古代的許多文人未能將德行傳授給後人，因為德行對他們來說，並非智慧，而是上天的靈感，就像先知與詩人的作品。智慧有高下兩種，高者為知識，下者為真正的意見。前者有絕對的確性，後者則不然，因此不固定地存在於靈魂。理性可以將意見連貫起來，予以堅固性，遂成知識。知識乃認識的最高境界，探討的工夫應使之自回憶中升起。

「回憶」說勾畫出柏氏認識論的藍圖，也給許多的問題打開了大門。如果認知即是回憶，感覺認識還有什麼價值？認識的對象是什麼？「回憶」之說以靈魂的不死為根據，可否予以證明？柏氏在《費多篇》(*Phaedo*) 中討論這些問題。這些問題的提出必然會使柏氏超越蘇格拉底的學說而向前邁進。為了限定知識的對象，為了限定一個與感覺物毫無關連的對象，就像知識與感覺認識無關，必然會導致柏氏完成理型的學說。此說在《費多篇》內首次出現，然而在此處也好，在其他著作中也好，柏氏從未加以詳盡的說明，卻一直把它當作已成定論的假定，早已為大家所熟知，所接受。也許正由於理型說是一切探討所趨向的中心點，柏氏不想有系統的加以說明，這正符合柏氏的研究原則，哲學是生活，不是系統。也許理型說包括在那些未曾記述的道理中，就如柏氏在第七書簡中所提起來的，亞里斯多德也曾多次談到那些未曾記述的道理。

《費多篇》大致告訴我們，理型是理性認識的對象。理性認識與感覺認識對立，哲學的任務是使心靈遠離耳目或其他感官的探求，而集中於自身，以發現「有自身」，這樣才會超越可感覺的和可見的觀察，而進入可理解的和看不見的觀察。我們第一次在柏氏的哲學中看到了伊利亞學派的主張：俗見與真理，感覺與對象之間的對立；理性認知的特殊對象乃「有自身」——理型(Idea)。另外在這裡也可以看到歐爾飛——畢達哥拉式的影響，如果感性與形體不分，對於探討活動將不是幫助，而是阻礙；那麼探討活動應盡量使靈魂與形體分開，因而要生活在死的期待和準備中，死才是靈與肉完全的分離。

然而對於伊利亞學派，感覺與理性之分是根本而徹底的，對於柏拉圖並非如此，因為柏氏主張：理型是判斷自然事物的標準和原則；又理型是感覺世界的原因。例如要判斷兩物之相等，必借用相等的理型，亦即完全的相等，感覺世界的事物與之比較，才有不完全的相等。同樣為判斷感覺世界的善，正義，神聖，美等觀念，都必須以相對的理型為標準，必須以這些觀念的「有本身」為標準。在人間這些觀念都是不完全的，相對的；在理型世界則是絕對的，完全的。感覺世界是形下的，理型世界是形上的，後者是前者的基礎。費多篇肯定理型是判斷價值的標準，其本身即是價值。

理型也是自然事物的原因。柏氏認為不可能藉自然原因去解釋自然現象，就像過去的宇宙論學者之所為。每一個現象都是在最好的方式之下出現，它的真正原因即是其所以如此的理由。為瞭解一個現象，必須尋求它的理由，由自然事物之價值與善，可知價值與善本身乃一切事物的真正原因和理由。價值與善即理型，可見理型為自然事物的原因，理型予以解釋。物之所以為美，由於分享美的本身，其他如神聖，正義亦莫不如此。理型即是有，即是善，即是客觀價值。然而其客觀性並不排除與自然界事物之間的關係，理型是現實及其價值的原理。

靈魂的不死藉理型說亦可得到證明。靈魂相似理型，不可見，因此亦不可毀。「回憶」也是靈魂不死之另一個證明，先有靈魂，才得有回憶。如欲瞭解靈魂的本質，必須瞭解其所分享的理型，即生命。分享生命足以說明靈魂的不死。

第七節 愛 情

理解在人與「有自身」之間，在人與人之間所建立的關係，不只是理智的關係，也是意志的關係，因為在理解中整個的人都在盡心竭力的從事探討的工夫。意志的關係即是愛情(Eros)。柏氏有兩個充滿藝術情趣的對話錄談論愛情，一是《饗宴篇》(*Symposium*)，一是《費德拉斯篇》(*Phaedrus*)。《饗宴篇》討論愛情的對象，即美，並試圖限定美的等級。《費德拉斯篇》則是討論愛情的主體性，即美的嚮往，以及心靈如何逐漸超升到美的世界。

《饗宴篇》中參加交談的人指出愛情的各種特性，蘇格拉底予以綜合及證明。保撒尼亞把愛情分為世俗的和天上的，前者指向形體，後者指向靈魂。醫生埃利西馬克肯定愛情有一種宇宙的力量，在人間和自然界限定一切現象的比例及協調。亞利斯多法則指出愛情說明人的一個基本特性——不足。蘇氏由這一點推論說，愛情渴望自己所沒有而需要的東西，可見愛情確是缺乏。愛情是美的渴望。美之所以被渴望，因為是善，能使人幸福。美是愛情的目的和對象。但是美的等級不同，人可以通過一個緩慢的行程而逐漸走向更高的美。起初人發現美在所有的形體內是相同的，於是渴望完全的形體美。然而形體美之上還有靈魂的美，再向上還有法律和制度的美，再向上還有知識的美，最後還有美自身，亦即永恆的美，超越生死變化的美，是任何美的來源。

人的心靈怎樣才能超升到至高的美呢？費德拉斯篇討論這個問題，自觀察人的心靈及其本性開始討論。靈魂不死，因為靈魂不是被產生的，而是自動的，自身包括生命的原理。柏氏藉神話予以說明。靈魂的本性就像兩匹馬，由車夫駕駛，一匹為良駒，一匹非常惡劣，車夫的工作很艱巨。車夫使這兩匹馬向天上駛去，追隨神祇，以期達到「有」的境界。在此境界有真正的本體，無色無形，寂然不動，只有靈魂的駕駛者——理性可以默觀，本體乃真知的對象。此本體乃真正的有，理型的整體。靈魂因為受到劣馬的拉扯，只能默觀片刻。每一個靈魂默觀有的本體，多少不同，然後由於怠惰或過錯而下沉，失落超升的翅膀，降落到塵界而與形體結合，形成不同的人。對本體看到很多的靈魂與形體結合時，會成為一個將自己奉獻給智慧和愛情的人，反之會成為俗人，對於真和美的追尋將沒有興趣。在降落於物質世界的靈魂內，理型的本體的回憶正是藉美而復甦。人一旦看到美，當即發現它的光輝。眼睛乃感官中最尖銳者，不能看到其他本體，但是能看到美。美是沉落於塵世中的人與理型世界之間的橋樑，美使人發出愛情的渴望。愛情固然可以滯留於形體的美，沉醉於形體的享受，然而當一個人體驗到愛情的本質的時候，自會駛向有的世界。在此境界中，愛情不只是渴望、衝動和沉醉，這些特性都將流入對於理型世界嚴肅而光輝的探求。愛情遂一變而為理性的發展過程，一變而為辯證法。

辯證法有兩個進行方式：第一是將分散的事物導向唯一的理型，使之可以教導；第二是將唯一的理型化分為不同的種類，依照其自然的節奏。辯證法就是這個分而合，合而分的雙重進行方式。在此過程當中，心靈完成「有自身」的探討，以及心靈與心靈之間在領悟和教導活動中的愛情的合一。辯證法也是說明的真正藝術，是真正的修辭學，是指向「有自身」的理解，是心靈的真智慧。

第八節　正　義

上述對話錄中的基本理論，在柏氏最傑出的著作《國家篇》(*Republic*)中，都有扼要而完整的說明，柏氏使之指向一個完全的團體，在此團體中，個人可以獲得理想的教育。國家篇代表柏氏哲學理想的具體實現，他說：「如果哲學家不治理城市，或是那些我們稱之為王或統治者的人不嚴肅地學習哲學，或是政治權力和哲學在那些人中得不到協調，或是不嚴格地阻止政治和哲學各行其是，則不可能防止城市，甚至全人類的禍害。」(*Rep.*,

V, 473d)。柏氏的構想指出兩個基本問題：此團體的目的和基礎何在？哲學家是些什麼人？

對於第一個問題，柏氏的答案是：正義。《國家篇》的直接用意即在於限定正義的本質。沒有正義，任何社團將無法存在。詭辯派學者肯定法律是強者的法律，柏氏指出即使一個強盜集團沒有正義的原則時，也將互相殘害，終至不能存在。正義乃國家的產生與生存的根本條件。國家由三個階級組成：統治者，保衛者即戰士和公民。公民從事農、工、商等活動。智慧屬於第一個階層，只要統治者有智慧即可形成良好的國家。勇敢屬於戰士的階級。節制維繫統治者與人民之間的良好關係，對於三個階層都是必需的德行。正義則包括上述三種德行，因為它使每一個人在國家內善盡自己的職責。正義維繫國家的合一，形成國家的力量，同時也保證個人的合一與力量。柏氏將個體也分為三部分：理性部分，靈魂藉以追尋真理，控制衝動；情慾部分，乃肉體衝動的原理；氣概部分，乃較高的衝動，輔助理性，為正義而奮鬥。智慧屬於理性，勇敢屬於氣概，使三部分能夠協調而服從理性的駕馭的是節制。當每一部分皆能善盡己職時，個人已經把握了正義的德行。

顯然正義的實現，對於個人和國家應該平行並進。個人善盡己職，實踐正義時，國家才會健全。正義不只是使國家合一及個人合一的鎖鏈，也是維繫個人與國家之間良好關係的鎖鏈。

在國家內正義的實現需要兩個條件：首先必須排除財富與貧窮，因為二者皆阻礙人善盡己職。這種主張並不意味著共產式的社團組織。依柏氏之說，統治者與戰士除了生活所需，不應置產，也不應獲得酬勞。人民卻可以有私產，生產與消費的工具也是在個人手中。第二個條件是取消家庭生活，這樣婦女才可以分享國家的生活，才會與男人平等。男女的結合應由國家規定，以產生健全的子女。子女由國家來撫養教育，國家就是一個大家庭。

柏氏的國家觀念是理想的國家，由貴族——哲人所治理的國家。現有的國家制度，沒有一個與柏氏的理想國相符合，都是完全的國家的退化。國家的退化有三種：一為名譽政治，統治階層開始侵吞生產階層的私有財產，且把後者降為奴隸，這是名譽過分增強而侵犯理性之德的結果。這種政體正投好名的人之所好，這種人野心大，愛權勢和榮譽，不信託智者。二為寡頭政治，以財富為權力的基礎。這種政體與貪財忘義的人相合。三為民主政體，公民完全自由，每一個人都可隨心所欲地去活動。這種政體使人流於放任，放縱情慾。政體中最低級的形式乃暴君政治，多次由民主政治的過度自由而產生。此為最惡劣的政體，暴君為防禦人民的仇恨，不得不受少數人的包圍。暴君縱情恣慾，乃罪惡的奴隸，實是最可憐的人。

第九節　哲學家

《國家篇》也給我們清楚地勾畫出哲學家的任務。哲學家所追尋與愛好的是認識的整體性。何為認識？柏氏指出認識的確性的基本條件：「凡屬絕對的，也是絕對可認知的；絕對不存在的，也是絕對不可認知的。」(477a)。知識與有相應，無知與非有相應，意見與變化相應，變化則是介乎有與非有之間者，意見則是介乎知識與無知之間者。意見與知識囊括了人類的整個認識。意見的領域是感覺認識，知識的領域是理性認識。感覺認識與理性認識又各自分為兩部分，形成認識的四個等級：

1. 假定或臆測，以影像為對象。
2. 可信的意見，乃未經證實的意見，以自然事物為對象，例如有生命的東西，藝術的對象等。
3. 科學知識，藉假定的方式，以感覺世界為起點，其對象為數學現實。
4. 哲學理性，藉辯證方式，以有的世界為對象。

影像是自然事物的抄本，自然事物是數學現實的抄本，數學現實是永恆本體的抄本，永恆本體構成有的世界。有的世界就是合一與絕對秩序的世界。數學的現實——數字，幾何圖形等複製有的世界的秩序與比例，自然事物複製數學關係，因此，我們藉度量以判別事物。可見整個認識皆以有的認識為最高峰，認識的每一個階層的價值來自更高階層的認識，一切認識的價值最後皆來自有的認識。

人必須通過由意見到知識的自我教育，柏氏藉洞穴神話以說明這種自我教育的過程。在感覺世界中，人就像被困在洞穴中的奴隸，對著洞穴的深處觀望，看到由外在火光投射進去的現實的影子。他們把這些影子當作現實，因為不認識真的現實。一旦奴隸獲得了自由，走到洞外，開始時無法承受陽光的照射，必須習慣於觀看影子，然後再看人與事物投射在水中的形像，然後才看到事物本身，最後才能舉目觀看星辰和太陽。這時才發現四時的變化，感覺世界的種種現象，甚至在洞穴內所看到的一切皆受太陽的控制。洞穴即是感覺世界，投到洞內的影子即是自然事物，火光即太陽。我們對自然事物的認識就像奴隸的認識，如果一個獲得解放的奴隸重新回到洞中，眼睛受到黑暗的侵襲，將無法立即分辨影子，將受到同伴的嘲笑。可是他自己瞭解，在洞穴之外才有現實，真正的認識絕不是對於影子的認識。他會感到那些嘲笑他的人，將影子當作現實，實在值得同情。

教育的意義在於使人由感覺世界的認識轉向有的世界，逐漸發現有的最高峰是善。數學、幾何、天文、音樂使我們自個別的角度去認識有，都是有益處的學科。善對於有的世界就如太陽在感覺世界內一般重要。太陽不只使事物可見，而且使事物發生、滋長；善也不只使理性世界的本體可識，且使之存在。理型是有客觀價值的本體，善則是每一個價值及客觀性的原理和基礎，是最高的價值。一個人離開洞穴之後，不應獨善其身，應該回到洞穴，為別人和團體服務。智者重回洞穴，等於承認自己的世界是人性的世界，自願加以教導，將自己對於真、美、善所有的認識，貢獻給別人，給國家，這樣才能成為真正的義人，真正的哲人。

第十節　模仿的藝術

哲學是清醒的生活，哲人必須放棄幻覺，由感覺世界的影像所形成的幻覺。模仿的藝術卻離不開這些幻覺，為此柏氏在《國家篇》第十卷中駁斥模仿的藝術。例如繪畫止於對象的外表，從不同的角度對於對象加以描繪，實際只能畫出外表的一部分，其所能欺騙的不過是小孩子或愚者。藝術之所以如此，由於它完全脫離了我們用以更正感覺幻覺的計算與衡量。模仿則拒絕這些心靈的活動，詩歌亦然，沉迷於心靈的情慾，傾向於衝動，漠視秩序和度量，遠離德行和理性。悲劇詩更不足取，它使人為了虛幻的表演而悲嚎或狂笑，使人遠離現實，走向縱情恣慾的邪路。

藝術創造毫無價值可言。如果神祇創造事物的自然形像，工匠所製造的器皿不過是那些自然形像的複製器，藝術家更等而下之，他所創造的不過是模仿工匠的作品，離自然現實更不知有多遠了。自然界的現實分享數學的限定，以排除秩序的混亂，而模仿正好脫離了這些限定，只限於拾取那些膚淺和矛盾的外表，因此模仿藝術不會嚮往任何等級的客觀確性，只會使人傾向於現實的幻覺。哲學的使命正是使人自這種幻覺中清醒。

第十一節　命運與自由

正義是對個人使命的忠實，個人的使命與命運的問題分不開，國家篇所討論的最後一個問題就是命運的問題，柏氏在費德拉斯篇已經點出這個問題 (249b)。柏氏用神話的方式加以說明：「有一個人，名伊爾，死於戰爭，十二天後復活，向別人述說死後人所遭遇的情形。當人再生時，靈魂必須為自己選擇一種生活。『不是中間神選擇你們的命運，而是你們選擇你們的中間神。命運最先指定誰，誰就最先選擇生活的方式，且將與之緊相連繫。德行與人之間的關連是自由的，每人對它的分享，可多可少，要看人對德行的尊重或輕視而定。每一個人應該對自己的命運負責，並不是神替他負責。』」(*Rep.*, X, 617e)。可見靈魂依照命運所指定的秩序選擇自己的生活方式，他們的選擇確有偶然的成分，因為最先被指定的選擇的可能性較大。然而即使最後一個人，如果能審慎的選擇，仍能獲得幸福的生活。命運的神話表面看起來，似乎否定人的自由，因為它肯定暫世生命的好壞繫於前世的決定；然而如果往深處看，卻是肯定人的自由，因為每一個人的命運，最後還是由自己的意志來決定。命運的好壞在於接近德行或與之背道而馳，個人有選擇的自由，因此應對自己的命運負責。為此蘇格拉底勸人慎重地選擇，並事先有所準備。「對人來說，這是非常危險的時刻，因此我們每一個人，即使忽略其他一切工作，亦應在所不惜，以求對於此點，小心警惕，發現和追認那使人能分辨更好的生活方式，並教導人知道如何抉擇的人」(618c)。

第十二節 再論認識與理型

在《巴爾買尼德斯篇》(*Parmenides*)中，我們第一次發現蘇格拉底不是對話的主角，這說明柏氏的探討工作，在進行中又發現了新的問題，需要更進一步的研究與限定，而這些新的限定在蘇氏的道理中，已經難以找到出處，然而自另一方面看，為完整地瞭解蘇氏的道理，卻又非常重要。柏氏在完成了《國家篇》的綜合討論之後，感到需要參考別家的理論，以給自己的思路，開闢更深入，更博大的新境界。在其他哲人中，首先受到柏氏推重的是巴爾買尼德斯。

《巴爾買尼德斯篇》使我們看到了理型論的新發展，在此成熟時期的作品中，我們看到了理型以客觀價值的姿態出現。理型連合了有與善，是實有，也是完善，在己和為己而獨立存在的完善，雖在感覺事物內有所表現，但不受此表現的影響。自另一個角度看，理型又是自然界事物的原因，支持現象的存在並使之合一的基礎。現在必須對於理型與感覺世界，有與現象，一與多的種種關係，明晰地加以探討和確定；此外對於理型世界，即客觀世界與認知它的主體間的關係，也要明晰地加以深思和限定。這是柏氏思想後期的兩個基本問題。

《巴爾買尼德斯篇》首先重新肯定理型不可能是純思想，只存在於認知主體。一個思想，如果是一個，就應該是獨立存在的合一性的思想，這個合一性應該是客觀的現實。但是自另一方面看，如果理型是現實的，不能存在於可感覺的事物，因為可感覺的事物是多樣的。如果事物與理型相似，理型與事物相似，這種相似到底有什麼性質？是否只有理型——價值的存在，像美、正義等，或是每一個自然的事物都有其相應的理型，如人、馬等等，甚至於那些醜陋不堪的東西，如泥土、垃圾等也有其相應的理型呢？蘇格拉底未能解答巴爾買尼德斯的這些問題，也就是說柏拉圖到目前尚未提出這些問題。還有更嚴重的問題，如果理型的存在與人無關，人如何認識理型？「有自身」可以成為一種知識的對象，但不是人的知識的對象，因為人的知識必須與其對象有所關連。我們無法肯定在「有自身」與認識主體之間的絕對分割。

在以前的對話錄中，找不到這種絕對分割的蛛絲馬跡，同時有兩個基本理論排斥這種分割。首先「回憶說」肯定靈魂與「有自身」之間的關連，再有就是柏氏一直把理型看作自然界事物的原因。

在《巴爾買尼德斯篇》中，柏氏用伊利亞學派的名詞——「一與多」——指稱有的世界和感覺世界，並提出有關一與多的各種假說而予以檢討，結論是不可能否定一的存在。

「如果一不存在，只有虛無。」(*Parm.*, 166c)。如果一不存在，人類所經驗的世界的殊多也不能存在，因為多是由一建立起來的。再者殊多就整體來說，也有其合一性，因為殊多是數字，數字乃秩序和比例，因此是合一性。只有在一種特殊的情形之下，才可說一不存在：不存在，因為不是絕對的一，也就是說如果拋開與多的關係即不存在，此一乃不排除多的一。另一方面此多雖然屬於變化與時間，仍常常形成數的秩序，也就是說形成合一性。在某種意義下，多也不存在，即絕對的，純粹的，缺乏任何合一的多不存在，因為在這種情形之下，由於不能形成一個殊多，多將化為虛無。可見一存在，然而不是絕對的一，排除多的一；多存在，然而也不是絕對的多，排除一的多。巴爾買尼德斯否定了非有的存在，柏氏不贊成他的看法，試圖藉一與多的關係而肯定非有——感覺世界和人——的存在。《詭辯者篇》(*Sophistes*) 對此將提出直接的說明，但是在說明之前，必先對於認識的主觀過程加以探討，此乃《泰提德斯篇》(*Thaetetus*) 的中心旨趣。

《巴爾買尼德斯篇》試圖證明不可能把有看作純粹的客觀性，即是把有看作絕對的合一性，與人和人的世界無關。《泰提德斯篇》卻試圖指出不可能把真正的認識看作純粹的主觀性，與有的世界毫無關連的主觀性。前者指出「客觀有」的缺乏，後者則指出主觀認識的不足。

普羅大哥拉斯 (Protagoras) 肯定認識的絕對的主觀性，知識即是意見，指向事物的外在表現，因此知識即是感覺。然而感覺不能作為判斷的標準，因為患者的感受和智者的感受並無不同之處，健康的人與病人的感覺，人的感覺和動物的感覺亦然。知識應有標準，以判斷事物的價值，不只為了目前，也為將來。如果肯定知識是真正的意見，將意見看作思想，似乎較為合理。《泰提德斯篇》：「思想是靈魂與自己交談，離不開所檢討的對象。我認為心靈在思想時，無非是與自己交談，自問自答，一邊肯定，一邊否定。」(189e, 190a)。這種說法仍然將認識拘限於主體性的範圍之內。如果意見是真的，應與假意見不同，然而如何限定意見之真假呢?意見也應該有實在的對象，如果其對象是實在的，意見就是真的。肯定真正意見的價值，因為有理性的支持，仍然無法超越主體性的範圍，仍然無法保證認識的客觀確性。

《泰提德斯篇》的結論是消極的，卻有其豐富的成就，試圖將知識看作主觀的思想，看作靈魂的自我交談，並不成功，就如將有看作純粹的客觀性，看作與人完全脫離的理型，也不會成功。這兩篇作品指出，如果想肯定有的現實性和認識的真理性，必須肯定有與認識的合一。

第十三節　有與善

《詭辯者篇》告訴我們，有人反對「理型的朋友們」，也就是反對他們對於理型所作的純客觀解釋。這些人主張純全的有絕不能沒有運動、生命、靈魂、理智，否則毫無生氣，也不思想。有包括認知有的主體，認知主體不能流連於有以外，否則有將不可識。將理智包括在有之內，會徹底改變有的本質。「有」不是不動的，因為理智是生命，因而是活動；運動因此成為「有」的一個基本限定。然而這並不是說「有」時時在動，就如赫拉克利圖斯派的學者所強調的；必須肯定「有」的動靜兩面。「有」包括動與靜，然而有自身不是動，也不是靜。動與靜不是全部的有，只是有的限定。每一個限定在己同一，在他則有別。同一和分別是「有」的另外兩個限定。每一個限定不是別的限定，動不是靜；可見不同或分別是「非有」，「非有」不是無，因為它在某種方式之下存在，是有的限定。在詭辯者篇中，柏氏將巴爾買尼德斯的「有」與蘇格拉底的主體性結合起來了，使巴氏的「有」獲得了生活與運動。

「非有」之說可以對錯誤加以合理的解釋，《泰提德斯篇》曾告訴我們，錯誤自純主觀觀點是無法解釋的。思想是自我的內在交談，交談藉言語得以表達。思想或言語論及某物而肯定不屬於某物的東西時，例如肯定泰提德斯會飛，便形成虛假的肯定，可見「虛假」假定「非有」的存在。然而「非有」不是虛無，乃是與「有」不同的有，因而不包括矛盾。

探討「有」的形式，以區別何為同？何為異？哪些限定有關連？哪些沒有關連？這種知識即是辯證法。此乃哲學家的知識，詭辯派學者試圖模仿這種知識，結果只能製造幻像。

價值的探討依「有」的世界而建立。柏氏在《國家篇》中肯定有的極峰是善，在詭辯者篇似乎把重點放在有的本體結構上而加以限定。實際這篇對話所提供的結論是在為另一個新的探討作準備，那就是在《費來布斯篇》(*Philebus*)中我們將看到的。

在《費來布斯篇》中所談論的善，是屬於人的善，是人生的一種方式。人生不能建立在快樂上，不然的話，將與動物的生活完全沒有分別。自另外一方面看，人生也不能只是純理智的生活，那將是屬於神的生活。人生包括了快樂和理智兩種成分，重要的是限定正確的比例，以建立善的純全而完美的形式。因此善的問題一變而為衡量、比例及合宜的問題。在此柏氏又接近了畢達哥拉斯，借用限制和無限制的觀念來解說善的價值。比例有兩個因素，一為無限制，凡是能無限制地增減的皆屬於這個因素，如冷、熱、快樂、痛苦等；一為限制，即秩序、度量、數字，其作用在對於無限制的因素加以限定。限制的作用在於使分散的合一，使紊亂的有秩序，使沒有數字的可以計算。數字的限制排除一與多的對立，因為給予多一個限定的數字，表示將多歸納到合一性。無限制與有限制的合一形成一個混合的形式，一切有比例和美的事物皆屬於這一形式，其根源在於理智。人生既然包括快樂與理智，是一個混合形式，必以理智為原因。每一個秩序和知識，由最高的辯證知識到純粹知識——數學等，到應用知識——音樂、醫學等，到意見，莫不歸屬於理智。至於快樂，只有純快樂，即不摻雜由需要而會招致痛苦的快樂，也就是由知識所產生的快樂，或那些由靜觀美的形式、色彩等物而產生的美感，才能屬於理智。由此可見，人生最高尚，最美好的事物是秩序、衡量與中庸，其次是比例、美和完整，再其次才是理智——美和比例的原因，再其次是知識與意見，最後是純快樂。

在《費來布斯篇》中，柏氏告訴我們，蘇格拉底所強調的作為人生的指針的正義，其本質應該是衡量的知識。將人生的知識歸納到衡量和數學的知識，對柏氏來說，實是蘇氏的基本理論——德知合一的嚴格的實現。

第十四節　自然世界

自然世界所有的現實性與價值也應該加以探討和解釋，合理的解釋只有在世界與有的關係中才可找到。「有」的世界並不完全脫離自然的世界而獨立存在，因為一沒有多，現實沒有外現都不能獨立存在。如果人的生命與理智依「有」的世界而建立，人的世界中——自然亦應在「有」的世界內找到它的根本。對於世界的探討應該是可能的，雖然不能藉此探討形成真正的知識。環繞著「有」才會有真正的知識，因為只有「有」是固定的、堅實的，理性可以瞭解的；世界不是固定的、真實的有，對於它不能形成真正的和絕對的知識，只能獲得類似知識的知識。柏氏在《蒂買物斯篇》(*Timaeus*) 中藉神話的方式探討宇宙的問題。

巴爾買尼德斯肯定有以外即是非有，非有即是無。此外，沒有第三種可能。柏氏在詭辯者篇中藉真理與錯誤的問題指出「有」的多樣性的可能。如果非有不存在，錯誤即不可能，因為錯誤是非有。如果錯誤的存在是可能的，那麼「非有」的存在也可能，至少在某種意義之下可能。

柏氏通過同異之說解釋「有」的殊多。有可同可異，同異是有的類別。事物在己為同，在他為異，同一事物可參與同和異兩種類別。一物是自己而不是他物，在已是有，在他則可以為非有。此非有指異於有，而不是指有的矛盾面，當然可以存在。如果非有指與有對立的矛盾面，那就變成了無，無不可能存在。例如美存在，不美也存在；大存在，不大也存在。不美和不大是美和大的否定，不過不是絕對的否定。由此可知，非有可指絕對的無，也可指與有相異的另一物。「有」有同有異，因此有存在，非有也可存在；一物存在，一物之外，其他的東西也可以存在；因此「有」的多樣性確實可以成立。

巴爾買尼德斯主張萬有唯一，因而否定變化，認為變化是由感性而來的虛幻存在。柏氏則認為我們對於變和不變皆應該加以肯定，不變在於理型世界，而感覺世界則是屬於變化的。感覺世界的變化是實在的，也是可以理解的。柏氏藉「克拉」(chora) 一詞以說明變化，這是一個相當晦暗的觀念，好似一種空間或收容器。例如我們看到氣變成水，水結成冰等現象，我們就知道有物在變，變成這個，變成那個。看來我們不應該說，這是氣，這是水等等，而該說這是有氣的東西，這是有水的東西。此不動而容納氣的或容納水的是什麼？就如石之可變為石人、石馬等等，「克拉」之為物，本身也是不限定的，沒有物體的類別，但是可以接受任何限定。可見物質世界是由不限定和限定兩種原理合成的。物質世界確實屬於變化，不只可以有外形的變化，也可以有內在的變化。石頭變成石馬是外在的變化，紙燒成灰則是內在的變化。由此也可見物體都是合成的，而不是單純的。

然而只有限定與非限定兩個原理還不足以使自然世界生成，因為它們只是構成自然的內在原理，沒有外在的成因，仍不能完成變化，也不能形成自然世界。柏氏為解決成因的問題，提出一位有神性的工匠德米奧吉作為世界的原因。這位工匠是宇宙與至善之間的一位中介神，不是創造神，因為他並不創造物質，只是把「克拉」──不限定因素與限定因素──原型加以揉合，使之形成自然世界。

神性工匠為佈施和增加善而依照理型世界使自然世界發生，由於理型世界有靈魂，有智慧和生命，自然世界也充滿了生命。但是由於自然世界是被形成的，因此有形體，是可見可觸的，而其原型則是沒有形體的。理型世界是永恆的，德米奧吉為使感覺世界與之相似，為它規定了時間。時間乃永恆的可動形像，因此自然界的化成與變動皆依恆久而有規律的節奏去完成，四時的進行就是最好的說明。

伊利亞學派強調一，柏拉圖也深感到一的重要。感覺世界是殊多的，理型世界也是殊多的，沒有一個理型可以被視為合一的原理，因為所有的理型，都是一個整體中的理想部分或因素。至善才是合一的原理，因此至善不是理型，否則至善本身也需要合一，而不能成為合一的原理。

自另一方面看，至善也不是一個實體現實，而是一個理想的標準，依此標準理型才能完美地，有規律地存在，因此至善也不能成為一個形上原理。理型是思想的對象，至善既然不是理型，也不是思想的對象，至善是超越主體與對象的。至善相似太陽，太陽使物可視，是眼目看東西的條件，是光與熱的來源，是生命的原因。但是如果有人膽敢直視太陽，必會弄得頭昏目眩；同樣太陽是生命與活動之源，但是如果太陽吸收了生命，必將使之融化而消失。至善也是如此，本身不可理解，卻是理型的理解性和靈魂的智慧的第一個條件；至善是超越主體與客體的對立性的合一，同時又是使主體和客體能夠合一的條件；是超越生命與活動的，然而靈魂之所以能成為生命及活動的原理，其動力又來自至善。人的思想不能瞭解至善，卻又不能不需要它，否則等於否定自己。

可見至善是「有」、「本質」及「生命」的根源，卻又超越這一切，是絕對的超越，是靈魂所追求的不變的目的。至善即是至一，即是至上神 (*Phaedo 97b*)。

柏氏對至善所作的解釋是神祕的解釋，至善不可加以定義，也不可言傳。

靈魂雖然也是生命和認識的原理，但本身無力成為一與多，變與不變之間的橋梁，因此需要一個更高的原理，一個有神性的原理，低於至善，高於靈魂，此即德米奧吉，其任務是完成宇宙間的合一與秩序。德米奧吉神話的產生，也可說明柏氏在溝通自然世界與理型世界所遭遇的困難。

第十五節　再論政治問題

心靈有兩種基本活動，一是理性活動，一是非理性活動。一方面有靈性的清明，使人向上；一方面又有私慾的困擾，使人向下，貪戀感覺世界。倫理生活指出內在的和諧與秩序，其目標是入世的成全。此外柏氏又強調出世的精神，道德生活會使人相似至善，引人進入神祕境界，由此一變而為宗教生活，使人逃避塵世，嚮往世外的幸福。

人應該首先重視個人的生活，然後推己及人，實踐理想的社會生活。柏拉圖自青年時代，就對政治有極大的興趣，而且這種興趣直到老年時期仍未減退。在《政治家篇》(*Politicus*) 中柏氏探討並尋求理想的治理人民的藝術，認為為政應以度量為主。執政者在處理事務上應該避免過與不及，應該尋求中庸之道。尋求中庸之道就是在人的行為中尋求合宜而應該履行的事物。政治活動以國家的利益為重，因此必須結合勇者與智者的力量，以合理的尺度加以制裁，使勇者善於行動，使智者善於判斷。如果執政的人不以法律治人，將是最理想的，因為法律是普遍性的，不可能顧到每一個人的需要與利益。法律之所以需要，也正是由於不可能給每一個人制訂嚴密而瑣碎的規律，法律只能概略地指出為全體人民比較好的方式。無論如何，法律一旦制訂，大家必須加以尊重和奉守，破壞法律就是破壞國家。

政體的好壞不在形式，而在於守法與否。一人執政的政體如果守法，是君主政體；否則將變成暴君政體。由少數人執政的政體如果守法，就是貴族政體，否則就變成寡頭政體。民主政體亦然，可以是守法的政體，也可以是不守法的政體。政治篇認為較好的政體是君主政體，最壞的是暴君政體。

可見在《國家篇》中，柏拉圖把政治問題看作完美的社團的問題，倫理色彩比較濃厚。在《法律篇》(*Laws*)中，其旨趣在於強調施政的方法，如何指導人民成為理想社團中的公民，因而法律的色彩比較濃厚。《法律篇》是柏氏的最後一部著作，也是最廣泛的一部作品，共分十二卷，出版於柏氏去世之後。柏氏著作此書時，已經深知人性的脆弱，因此認為一個國家少不了法律與懲罰的制訂 (854a)。但是柏氏並未忘記堅持法律應有教育的意義，為政者不只要發號施令，也要勸導人民，作說服的工作，使人民瞭解法律的好處與需要。懲罰不是報復，目的在改正罪人的錯誤，使之愛好正義，因為違反正義對於心靈是惡中之惡。

由此可知，法律的最後目標是在人民中推動德行，德行即是幸福，這是蘇格拉底的教訓。法律不應只提倡勇德，所有的德行都該提倡，因為凡是德行對於國家都是有益的，必要的。由此可見公民教育之重要，教育就是：「輔導一個人自幼就努力修德，使之愛好並企望變成完全的公民，知道依照正義去發號施令和服從命令。」(643e)。

這種教育以宗教為基礎，柏氏極力排斥迷信和對宗教漠不關心的態度。柏氏也反對以純物理活動去解釋宇宙的存在，而肯定宇宙必有一個神性的、超越的原理。實際如果一物引起另一物的變動，由一物到一物，亦即由一個原因到另外一個原因地往上推求，最後必須肯定一個自動而不為它物所動的原因的存在。一個由它物所動的事物不可能是第一個推動者或發動者，因此第一個運動是能自動的運動，是至高的精神，是至高的智慧，是萬物的推動者和置序者 (896e)。

柏氏認為只肯定宇宙的神性原理還不夠，對於那些認為神不關心人間事物的人也必須予以駁斥。那些人通常認為人間諸事對於神過於微小而沒有意義，柏氏卻指出這種信仰等於肯定神是疏懶而傲慢的，那麼把神看的比最沒出息的人還不如，因為有死的人還知道把自己的工作，不論巨細，做得盡善盡美。迷信當然是更壞的錯誤，迷信的人以為神可以用禮物去諂媚，把神看得還不如一個普通的人，因為普通的人也不會輕易地由於收受紅包而背叛正義。柏氏哲學肯定一神論，是不容置疑的事。

第十六節　哲學探討

最後，柏氏在第七書簡中，又一次回到問題的問題——哲學探討。有些柏氏的弟子，試圖有系統的把老師的學說綜合起來，著成一書，結果都未能成功，尚且受到柏氏的指責。他說：「有些人已經寫過或試圖說明我的哲學探討的意義，有的聽過我的課，有的是聽別人講述，或者是自己研究出來的，我可以向他們說，至少根據我個人的看法，他們根本沒有瞭解事實的真象。對於我的道理，我沒有寫也不會寫一本扼要性的著作。因為這些問題不可能歸納成格式，就像其他問題一般；只能在長期的接觸這些問題之後，大家一起體驗和討論，它們的真正意義會突然在心靈內點燃起來，就像由一個火花爆發出來的光明，然後自己就會增長。」(*Letter* VII, 341b–d)。顯然柏氏在生命的末期，又回到了蘇格拉底的問題：尋找一條走向真理的途徑，使人通過真理，走向「有自身」。

首先柏氏重覆以前曾經講過的，使我們一目了然，在他的探討工作中，結論與起點相接，同時他的全部精神從未離開過蘇氏的教導。

通過三個方法可以獲得真理：言語，定義和形象。第四個是知識，知識已經超越了方法。知識的彼岸是佔有第五個位置的可認知對象——有本身（*Letter* VII, 342b）。柏氏以圓圈為例，以說明上述步驟。首先我們有「圓圈」這個名詞，然後給「圓圈」一個定義，定義由其他的語言形成。第三刻畫出它的形像。此點引人到第四點，包括主體的全部認知活動：真正的意見，知識和智慧，這些因素都是屬於心靈的。然而認知主體的活動並不就是「有」，「有」是認知的對象。「有自身」才是認識的最高目標，由第一點所指，由第二點所限，由第三點刻畫其形像，由第四點所思考，所瞭解。由於這些因素本身的不足，它們與有之間的關係也不穩定。名詞由因襲而成，可以變更；定義由名詞形成，難以界定；形像包括與其對象對立的因素，例如圓圈常接近直線，事實上它應該排除直線。知識受上述因素的控制，也沒有安全的保證。那麼只有加強各個因素間的連繫，互相控制，發揮綜合運用的價值。這正是心靈與自己，與其他心靈之間的對話，通過名詞、定義及形像以探求知識，然後再回過頭來，給予名詞新的意義，對定義加以修正，對形像的價值加以判斷。由這些不斷的思考，探討才會爆發出知識和智慧（344b）。

道德的最高價值與認識的最高確性緊密相連，互為條件。沒有知識，人無法把握德行；沒有德行，人也不能把握知識。柏氏藉兩個觀念給我們說明這一點：一是人與有之間的親屬關係，二是自由教育的團體。知識的最高等級是有，如果人與有之間不存在著一種內在而深遠的親屬關係，將不會達到有，一切探討的努力，亦將徒然而無功。自另一方面看，探討不可能在個人的閉關自守的世界裡進行，探討的活動屬於生活在一起的人，必須在友好的氣氛中討論，排斥嫉妒的惡劣影響。人與人之間的團結，謙卑而不自以為是的態度，對己對人的誠實不欺，都是探討哲學的先決條件。哲學探討不是閉關自守的個人主義，而是生活與心靈的開放；因此哲學探討不只是知識，更是生活的智慧。人與人之間的團結不是只靠心靈或形體間的接近就可以完成，必須由主張自由教育的團體去推動，去實踐，在此團體內大家都嚮往「有」的世界 (344b)。「有」才是探討的終極目標，使個人的努力與活動朝自己發展，以自己作為唯一的中心。

哲學探討在柏氏的觀念中，博大精深，在人類的思想史上可以說無出其右者。凡是人性的活動，無不包容在哲學探討的範圍之內。柏氏將哲學探討伸延「到方圓，到顏色，到善，到美，到正義，到每一個人為的或自然的物體，到火，到水，到屬於此類的種種事物，到每一種生物，到心靈的行為，到任何一種主動和被動。」(342b)。對每一件事物都要辨其真偽，因為只有在真與偽的比較中，才能認知「有」的真理 (344b)。哲學探討不在於學說的格式化，任何努力都會給予人接近真理，與「有」合一的可能和希望。

柏氏創辦學苑，對於當時的文化，道德，政治，影響很大。柏氏去世後，學苑分為數派，思想趨勢也逐漸分歧。西元一世紀後，學苑的影響漸微，柏氏個人的思想則影響日深。由於信服柏氏的弟子反對綜合之說，企圖恢復柏氏的真正探討精神，第二世紀後，新柏拉圖主義遂日漸興盛。

柏氏對於哲學探討所作的努力，博大深遠，氣度雄偉，成就輝煌，令人嘆服，也使他在人類思想和文化的歷史上，成為一顆永遠明亮的星，二十幾個世紀以來，一直閃爍著啟發心靈的光芒。雖然在柏氏的學說中，尤其在說明物質世界與形上世界，物質世界、形上世界與絕對的神性原理之間的關係上，還有不少困難，需要解決，還有許多困惑，需要澄清，但這些不但不足以掩蓋柏氏的成就，反而使我們體味到其思想的成就，反而使我們體味到其思想的偉大處。思想必以絕對的有為最高對象，意志必以至善為最後目的，思想與意志的無盡止的努力和探討，促使人的心靈入世而不消沉於其中，出世而指向真與善的彼岸，歸向永恆的，絕對的神性原理——至上神。

由感覺世界到理型世界，由理型世界到純有的世界，由純有的世界到神性的至高原理，這條路是艱鉅而難行的，然而心靈感到一股迫切的力量，逼著他向前邁進，向上追尋，不止不休。由塵世的虛幻、短暫與不安定，柏氏建立起一神的信念，只此一點，足以使他的功績，流傳萬世而不朽了！

第十四章 古學苑

第一節 思伯西布斯（Speusippus）

柏拉圖的學苑在本質上忠實地傳授柏氏的道理，至少有很長一段時期確是如此。柏氏去世前，將學苑託付給自己的侄子思伯西布斯，思氏自西元前三百四十八年到三百三十九年成為學苑的領導人。思氏有意緩和柏氏學說中，理性認識與感覺認識之間的對立性，提出所謂「循理的感覺」，作為認知客界事物的基礎。並且提出數學的數字以代替柏氏的理型，作為事物的原型。數學的數字與感覺的數字不同。他也不贊成以至善為宇宙變動過程的原理，認為個體存在，像動物和植物，表現出由不完全到完全的過程，可見至善只是變化的終點，而不是起點。思氏同時認為理性就是神性，並依據蒂買物斯篇和法律篇肯定神性即是管理宇宙的靈魂——宇宙魂。

著《類同》一書，共十卷，只有少數斷簡留傳後世。在此書中，思氏討論動物界和植物界，特別對於動物的分類有興趣。

人的靈魂是不死不滅的，宇宙來自至一，沒有時間性的開始。至一即是神的理性，大約就是宇宙魂。

思氏他又把傳統信仰中的諸神看作物理方面的力量，因而使他的思想沾染了無神論的色彩。

第二節　賽諾克拉蒂斯（Xenocrates）

賽氏自西元前三百三十九年至三百一十四年領導學苑，前後共二十五年。雖然他在理論上沒有顯著的成就，在人格方面，由於愛國和獨立不羈的精神，頗受時人的尊重。

他把認識分為知識、意見和感覺，知識完全是真實的，意見次之，感覺則有真有假。此三種不同的認識與三種對象相應，知識的對象是可理解的實體，意見的對象是可感覺的實體，感覺的對象則為混合的實體。他也把哲學分為辯證學，物理學和倫理學。在他的思想裡傾向於畢達哥拉斯主義的成分更為顯著，他把一元性看作原本的男性神性，把二元性看作原本的女性神性。在神與人之間有許多中介神存在，也是他的想法。

靈魂是能自動的數字，顯然他是把數字看作秩序與比例的原理。亞里斯多德曾指出柏拉圖派學者所強調的數字——理型，大約也是賽氏創始的。根據這種學說，數字是宇宙的本質。作為理型的數字與我們平常用以計數的數字不同，是事物原本的因素，共有十個。其中一元性和二元性即是不可分性與可分性的原理。

在倫理方面，賽氏追隨柏氏，幸福在於德行以及修德的方法的獲致。他並且認為：「一個單純的壞願望與一個完全的壞行為並無所異。」

第三節　包利孟(Polemon)

包氏自西元前三百一十四年繼賽氏之後至二百七十年領導學苑。青年時期生活放蕩，認識賽氏之後才走上正途。重視倫理，主張人生應與自然相合，這種精神使之接近犬儒派學者。

其弟子之一克朗德(Crantor)，由於註釋蒂買物斯篇而著名，同時也打開了註釋柏氏作品的風氣。著有《論痛苦》一書，肯定生理方面的痛苦目的在於保衛健康，道德上的痛苦可以把人自獸性中解救出來。

第四節 海拉克利蒂斯 (Heraclides Ponticus)

海氏是柏氏初期弟子中的一個，傳說當柏氏最後一次遊歷西西里島時，曾代替柏氏管理學苑。西元前三百三十九年左右曾在自己的家鄉創立學校。

海氏受德謨克利都斯的影響，肯定單純分子的存在，神的智慧藉這些不相連貫的分子構成了宇宙。靈魂是由極精微的物質——以太形成的。但是他反對德氏的由原子流以形成認識的說法。

第五節 歐德蘇斯 (Eudoxus)

歐氏是古代著名的天文學家，根據亞氏的記載 (*Met.*, I, 991a, 14)，他主張理型與事物是互相混合的；在倫理方面則主張快樂是最大的善 (*Eth. Nic.*, 1101b 27ff., 1172b ff.)。

斐里布斯 (Philippus of Opus) 也是柏氏初期的弟子之一，在柏氏去世後出版法律篇，傳說柏拉圖的一篇偽對話錄《伊比諾米斯》(*Epinomis*) 是出自斐氏的手筆。這篇對話錄的目的在於限定什麼樣的探討工夫才會引人走向智慧，那些致力於物質滿足和娛樂的藝術和科學應在排除之列，只有數字之學會帶給人真正的好處。沒有數字的認識，人將成為不道德的，缺乏理性的，因為沒有數字，就沒有秩序，只有紊亂。天體的秩序最為完美，使我們不得不承認神曾賦靈魂予天體。天體本身即是神或神的形像，理應受到崇拜。天文學的研究非常重要，因為能啟發人的宗教虔誠，而宗教虔誠乃眾德之中最大的德行。

第十五章 亞里斯多德(Aristotle)

第一節 生平

西元前三百八十四或三百八十三年生於特來斯(Thrace)的斯泰基拉(Stageira)，父親是一位研究物理學的學者。十七歲時到雅典，加入柏拉圖的學苑，二十年之久，從柏氏研究哲學，對柏氏非常敬重。

柏氏去世後，學苑由其侄思伯西布斯接管，亞氏與之不相投，遂偕賽諾克拉蒂斯離雅典，在特羅得(Troad)的亞掃斯(Assos)成立學苑的另一支派。在亞掃斯結婚，三年後，去利斯包斯(Lesbos)，遇德奧弗拉斯都斯(Theophrastus)，後成為亞氏的著名弟子。此時亞氏逐漸形成思想上的獨立色彩。

四十歲時，馬其頓(Macedon)的腓力(Philip)請他去白拉(Pella)，做其子亞歷山大的教師，時亞歷山大只有十三歲。西元前三百三十六年左右，亞歷山大登基，亞氏遂離開馬其頓，此後與其弟子——西方古代最著名的皇帝與征服者之一——之間的關係就逐漸疏遠了。

三百三十五年左右，回雅典，建立學校。亞氏喜歡一邊散步，一邊講學，後世遂稱其學派為逍遙學派 (Peripatetics)。三百二十三年，亞歷山大去世，希臘由於反對馬其頓的風潮，對亞氏也表示不滿，遂離開雅典，到塞洛西斯 (Chalcis)，三百二十二年前後因病去世。

第二節 著作

亞氏的作品，依文章體裁，大致可分為兩組：一是通俗性作品，多用對話式，大部分是初期的作品；二是學術性作品，多成於治學雅典的時期。

西元前六十年左右，亞氏學派後學安德魯尼古斯 (Andronicus of Rhodes) 重編亞氏的學術作品，公開問世，對亞氏思想的流傳，影響甚鉅。

依思想的發展過程，我們可以把亞氏的著作分為三個時期：

第一期作品：在形式及內容方面皆受柏拉圖的影響。

1. 《歐德米斯篇》(*Eudemus*) 或靈魂論。亞氏在柏氏的影響之下，論述知識回憶之說。靈魂是不死的，但並不純是形體的諧和。諧和必有對立——不諧和，而靈魂沒有對立，因此靈魂不是諧和（斷簡四二）。靈魂的實體性與預先存在是柏氏學苑公認的學說，亞氏當時也接受此說。就如一個人可以由於生病而失掉記憶，靈魂進入人間世界時，忘記了原先存在的狀態，病人恢復健康後，仍可記憶過去的痛苦，靈魂在人去世之後，仍會對此生有所記憶。離開肉體而獨自生活乃是靈魂的正常存在狀態，靈魂居住在肉體內實在是一種嚴重的病苦（斷簡三五）。

2. 《普羅特利普底古斯篇》(*Protrepticus*) 也是這一時期的作品。這是亞氏寫給蒂米松 (The-mison) 的一封信，而不是一篇對話錄。亞氏在此文內支持柏氏的理型論，並強調哲人默觀理型而不重視那些模仿理型的東西。亞氏也強調人間幸福的虛幻，人生是靈魂的死亡或墳墓，靈魂在離開形體後才得進入真正的生活。這些主張顯然是受到了柏氏的影響，因為後來亞氏在《尼可馬甘倫理學》中，強調人生幸福的重要和價值，即使對於哲人也不例外。

3. 亞氏《自然哲學》(*Physics*) 的一部分大約也是初期的作品。一般都認為《形上學》的初稿成於第二期，其中曾引用《自然哲學》，由此肯定《自然哲學》的一部分成於第一時期是很合理的 (*Met.*, A, 963a 33–4)。《自然哲學》的內容大約可分兩組，第一第二和第七卷是屬於初期的作品。

第二期作品：逐漸脫離柏氏的影響而獨立，對學苑的論點開始抱批判的態度，雖然表面亞氏仍自視為學苑的一份子。

1. 《哲學論》(*On Philosophy*)：在這一篇對話錄中，我們可以看到柏氏的影響還是很顯著，然而也可以看到亞氏對於老師的一些代表性觀點，開始加以批判。亞氏雖然認為柏氏在過去的哲學中是一位登峰造極的人物，沒有人可與之比擬，就是在以後，亞氏也常持有這種看法，但是對於柏氏的理型說卻提出批判。他曾說：「如果理型是另一種數字，而不是數字的數字，我們不會加以理解」（斷簡一一）。

在《哲學論》中，亞氏藉完善的等級，提出有關神性存在的證明。「一般說來，如果有所謂較好的，就有所謂最好的。在事物中，確是有些事物比其他事物更好，那麼就有一個最好的，這個最好的應該是有神性的。」（斷簡一五）。這種看法在亞氏後期的著作中，才有充分的發揮。

2. 《形上學》的初稿也屬於此一過渡時期，這些初稿包括 Book A, Book B, Book K, 1–8, Book Δ（C8 除外）、Book M, 9–10, Book N。

3. 《儒德米亞倫理學》(*Eudemian Ethics*)，一般認為是亞氏居留亞述時期的作品。

此時亞氏仍然支持柏氏的智慧之說，但認為哲學默觀的對象不再是理型世界，而是形上學所說的超越的神 (*Eud. Eth.*, 1249b)。

4. 《政治學》(*Politics*) 的二、三、七、八諸卷，論理想的國家，批評柏氏的烏托邦式的國家論。

5. 《天界論》(*De Caelo*) 與《生滅論》(*De generatione at corruptione*) 大約也是此期的作品。

第三期作品 (335–322 B. C.)：是亞氏思想的最成熟時期，完成了獨創的哲學體系和主要作品，是西方古代哲學的一大文化遺產。

1. 理則學作品：

(1)《範疇論》(*Categories*)。

(2)《論解釋》(*De interpretatione*)，乃討論命題和判斷的作品。

(3)《分析前編》(*Prior Analytics*)，共兩卷，討論推理。

(4)《分析後編》(*Posterior Analytics*)，共兩卷，討論證明，知識原理等問題。

(5)《題論》(*Topics*)，共八卷，討論辯證法。

(6)《詭辯性謬論》(*Sophistical Fallacies*)。

2. 形上學作品：

《形上學》(*Metaphysics*)。亞氏後學安德魯尼古斯 (Andronicus of Rhodes) 於西元前七十年編輯亞氏著作時，將亞氏談論第一原理的作品，編排於自然哲學之後，故得此名。共十四卷，是由亞氏在不同時間所草擬的講稿集錄而成的論文集，也是亞氏最精深的作品。

3. 自然哲學作品：

(1)《自然哲學》(*Physics*)，共八卷，其中最早部分是屬於第一期的作品，也是由許多不同時期的論文集合而成，是亞氏宇宙論方面最重要的作品。

(2)《氣象學》(*Meteorology*)，共四卷。

(3)《動物誌》(*Histories of Animals*)，共十卷，討論比較解剖學和生理學，最後一卷大概是亞氏後學的作品。

(4)《論動物的動態》(*De incessu animalium*)，一卷。

(5)《論動物的行動》(*De motu animalium*)，一卷。

(6)《動物生成論》(*De generatione animalium*)，共五卷。

(7)《靈魂論》(*De anima*)，共三卷，包括亞氏的心理學，也是亞氏的傑作之一。

(8)《自然短論》(*Parva naturalia*)，包括一些有關知覺、記憶、睡眠、夢、生死等問題的短篇論文。

(9)《問題論集》(*Problemata*)，由亞氏的一些筆記，摘記集合而成。

4. 倫理學作品：

(1)《大倫理學》(*Magna moralia*)，共兩卷，比較接近柏拉圖的倫理思想。

(2)《尼可馬甘倫理學》(*Nicomachean Ethics*)，共十卷，亞氏去世後，由其子尼可馬古斯出版，是亞氏有關倫理學的基本著作。

(3)《政治學》(*Politics*)的一、四、五、六卷。

(4)一百五十六國的《憲法集成》。雅典的憲法發現於一八九一年。這種工作顯然由亞氏開始，由其弟子繼續完成。

5. 文藝作品：

(1)《修辭學》(*Rhetoric*)，共三卷。

(2)《詩學》(*Poetics*)，乃未完成作品，部分佚失。

(3)《雅典戲劇演出記錄》，奧林匹亞競賽勝利者名單，論荷馬問題，國家領土權問題，戲劇導演論集等雜著。

第三節 由柏拉圖到亞里斯多德

亞氏曾稱揚自己的老師在道德或學問方面，都是卓越非凡的，令人望塵莫及，又說柏氏也是最幸福的人。可見在亞氏的心目中，德行與幸福之間的關係在柏氏的學說中是非常重要的一點，柏氏不但深知此點，以詳盡的論證加以說明，並且真能以身作則，畢生實踐勵行，更足以發揮其學說的價值。但柏氏又肯定，欲止於至善，亦即獲致圓滿的幸福，必須通過嚴格的探討，此探討的頂點是對「有自身」的認識。不只德行與幸福是同一的，德行與知識也是同一的。亞氏對此有何看法？

對於亞氏，哲學一方面可以看作是個別知識的完整系統，自另一方面看，哲學也是一種個別的知識，更可以稱之為知識中的皇后，並不把其他知識加以融解。柏氏主張哲學探討應該繼續不斷的加深，時常會有新的問題呈現；新的問題，又發掘新的問題，使我們逐漸接近「有」與「價值」的世界。亞氏則認為哲學應該逐漸建立起一種知識的百科全書，使現實任何一面都不受到忽視。

哲學一方面是一個完整的，獨立的知識，如同其他特殊的知識；另一方面又是鶴立雞群，哲學應該提供其他知識的共同基礎的理由。其他知識是從特殊的角度去探討現實，哲學是從整體去探討現實；其他知識探討現實的某一個現象，哲學必須對於現實本身提出普遍而必要的說明。

對於柏氏，哲學無非是哲學探討，在哲學探討中，人努力實現真正的自我，使自己走向「有」，走向「有」的原理——善。在柏氏的思想中，最重要的不是哲學的問題，而是哲人的問題。對於亞氏，哲學如果是一個客觀的知識，應與其他知識有類似之處。就如每一門知識，由於特殊的研究對象而成為限定的知識，哲學也應該有其特殊的對象，使之與其他知識不同。哲學的對象是什麼？

亞氏在形上學內對此問題提出兩個重要的觀點，這兩個觀點也指出亞氏思想發展的兩個高峰。第一個觀點肯定哲學的對象是不動的超越的「有」，是神學。在此觀點之下，哲學是最高的知識，因為它探討的是最高的現實——神性的現實 (*Met.*, VI, 1, 1026a)。但是在此觀點之下，哲學缺乏普遍性，將成為一門特殊的知識。在這一時期，亞氏顯然還是忠於柏拉圖的原則，即哲學探討應指向最高的價值。

為建立各種知識的基礎，必須向另外一方面發展。亞氏提出了第二個觀點，哲學的對象不是某些特殊的現實，而是現實本身。每一門知識探討「有」的一個特殊角度，哲學探討「有自身」，而不顧及作為特殊知識的對象的限定。這是亞氏的歷史性的發現，此發現使哲學不只有完全的獨立性，也給予哲學最大的普遍性，使之成為人類任何研究工作的基本條件。

第四節　第一哲學

知識研究對象，或是可能的，或是必要的。「可能的」意指可以有不同的方式，「必要的」則不然。規律性的或技術性的知識的對象是可能的對象，這些知識亦可被視為藝術。在這類知識中，政治和倫理的對象是人的行為，故稱之為實踐知識，藝術的目標則在於對象的生產，故稱之為生產的知識，詩即是其中之一。

理論知識的對象是必要的，有三種：數學，物理學和第一哲學，也就是後來所說的形上學。數學以分量為對象，包括兩部分，斷續的或數字的分量形成數學的對象，連續的分量形成幾何學的對象 (*Met.*, XI, 3, 1061a, 28)，物理學以物質及其運動為對象 (*Met.*, VI, 1, 1026a, 3)，哲學的對象像數學和物理學一樣，藉抽象活動而獲致。數學家把事物的所有感覺性質抽出，使之歸納成分量，作為數學的探討對象；物理學家將所有不屬於運動的限定排除，然後可以獲致物理學的對象；哲學家應該將「有」的一切個別限定——質、量、運動等加以排除，然後抽出「有本身」的觀念，作為研究對象。就如數學的演算是以一些基本原理作為起點，哲學也應該以針對其特殊對象的基本原理為起點。

問題是上述形上學可能不可能？其可能性的第一個條件是能否把「有」的各種不同意義歸屬於一個唯一的，根本的意義。「有」可以指稱所有的東西，我們說有物存在，有分量，有性質，有所缺，有發生，有毀滅，有附性，甚至有「非有」等等。這些不同的形式在「有」內得到合一，否則將無法成為形上學的對象。「有」和「一」可以互換，有即是一 (*Met.*, IV, 2, 1003b)。合一性對於「有」所能拾取的各種不同意義是內在而必要的。知識的對象必須是固定的，合一的，形上學以「有本身」作為特殊對象時更應如此。如果要限定「有」的基本而唯一的意義，必須肯定一個保證「有」的合一性與必要性的原理，此即所謂不矛盾原理。

不矛盾原理首先是「有自身」的構成原理；其次也是每一個真正思想的條件。換言之，不矛盾原理同時是本體學的原理，也是理則學的原理。亞氏用兩種格式說明不矛盾原理，正好與上述兩種基本意義相應。「同一物不可能同時合於又不合於同一物，特別是指同一物時」；「不可能同一物同時有又沒有」(*Met.*, IV, 3, 1005b, 18; 4, 1006a, 3)。第一格式顯然是指理則學上的不可能，即對同一個對象同時以有和非有去指稱；第二格式是指本體上的不可能，即有不可能同時有又沒有。通過對於一個限定物的觀察，亞氏使我們看到不矛盾定律的價值。例如人的「有」被限定為「兩足動物」，那麼每一個被認為是人的「有」，必然地應該被認為是兩足動物。「如果真理有意義，一個人指稱人時，必然是指兩足動物：由於兩足動物就是指的人。如果這一點是必要的，人不是兩足動物就不可能：必要性正是指這個，即『有』而不有是不可能的。」(*Met.*, IV, 4, 1006b, 30) 由此可以看到把不矛盾定律當作形上學基礎的意義：「有」必然是「有」的基礎。如果把不矛盾定律的消極格式：「不可能有而不有。」改為積極格式，就成為：「有，特別指有時，必須有。」顯然，「有」作為形上學的對象，正是那個絕對不能加以否定的，是必要的，不只有，而且應該有。

那麼，「有」是什麼呢？亞氏回答說：是實體的有，有首先是實體。「從定義說起也好，從認識說起也好，從時間說起也好，實體是第一個。只有實體，在所有的範疇中，能獨立地存在。從定義說起，因為實體的定義必然包括在任何其他事物的定義中。從認識方面講，因為我們認識一物，例如人或火，當我們知道它是何物時，才能說是真地認識，至於此物的性質，分量和『在何處』倒是其次的問題：同時只有在我們知道了這些東西是何物時，才能認知這些限定的每一個。」(*Met.*, VII, 1, 1028a, 31) 本體即是當我們問此物為何物時，所獲得的答案。「好久以來，以及目前，我們時時探求的，甚至對我們來說，將來也常是最重要的問題：『有』是什麼？就是說：實體是何物？」(*Met.*, VII, 1, 1028 b, 2)

第五節　實　體

亞氏的《形上學》的第七卷對此基本問題提出比較成熟的探討，而第七卷的第十七章給予全部討論一個最後的結論。實體被視為原理和原因，對於每一物的「有」能給予說明和指證。任何一個現實都有自己的本質。本質雖然來自因素的組合，但與因素不同。此本質即是現實的實體，也就是現實的構成原理。實體是原理，而不是組合因素 (*Met.*, VII, 1, 1041b, 31)。當我們問一物質是何物時，此何物乃指實體。例如我們問房屋是什麼？或問房屋之目的何在？或問房屋如何形成？內在原因也好，目的因也好，成因也好，就是現實的本質。

亞氏給實體的定義是：實體就是已有之有 (to ti en einai, quod quid erat esse)。已有之有即指實體是如此這般的有的構成原理，過去時指出有的固定性和必要性。實體即是有的有，有的必然如此的原理。就其是有的有來說，實體有兩種作用，一是被限定的必要性，一是限定的必要性；一方面實體是有的本質，另一方面又是本質的有。指有的本質時，就是說實體是被限定的有，必要的有的本質：例如人是兩足動物；指本質的有時，實體乃限定的有，存在現實的必然的有：把兩足動物看作這個個別的人。以上兩種不同的意義，可以用「必要的本質」一詞來加以說明。

本質不一定常是必要的，當我們說人是音樂家時，並不指出一個必要的本質，因為人不是音樂家仍可以是人。必要的本質構成一個現實的固有的有，由於此有，現實必然是如此的現實。實體不是本質，而是必要的本質；不是任何一個有，而是真正的，限定的有：是有的本質，也是本質的有。

藉著實體的觀念，亞氏發現了有的內在價值。對於柏拉圖，如果「有」有價值，如果「有」包括規範性，並非由於有是有，而是由於有是善。有的規範性外在於有，有在於價值，而非價值在於有。亞氏則肯定有的價值和確性並非來自外在原理——善或秩序，而來自內在的，固有的原理——實體。不是有在於價值，而是價值在於有。凡是有，由於是有，就有其內在價值，就值得探討，就可以成為知識的對象。實體之說，可以說是亞氏思想的中心點，指出其形上學的存在價值。

當亞氏說藉定義可以指出實體，或只有實體可以有定義 (*Met.*, VII, 4, 1030b, 4)，實體乃指有的本質，亦即理性對於有所能理解和證明的內容。當亞氏說本質可以與被限定的現實同一化，例如美只在於美的現實 (*Met.*, VII, 6, 1031b, 10)。本質在此乃指本質的有，亦即給予一物之本質必要存在的原理。實體指有的本質時，是合成物的元形 (Form)，給因素以合一，使之成為整體，給整體以與因素不同的本性 (*Met.*, VII, 6 b, 2)。實體指本質的有時，是合成物的底基 (ypokeimenon, subjectum)，底基即元質 (Matter)，是缺乏任何限定的原理，只在潛能的條件之下把握限定 (*Met.*, VIII, 1, 1042a, 26)。

實體指有的本質時，是觀念，本身沒有生滅，因為化成者不是事物的必然本質，而是這一個或那一個個體。實體指本質之有時，是合成物，是元形與元質的合一，是存在的東西。在此意義之下，實體才有生有滅，與變化結緣 (*Met.*, VII, 15, 1039b, 20)。

實體指有的本質時，是有的可理解性原理。實體即是理性對於現實本身所能拾取的內容，構成知識固定而必要的因素的內容。對於必要的事物的認識才是知識，對於可能有也可能沒有的事物的認識，只能形成意見。實體無論客觀地或主觀地都是必要的原理，自客觀方面講，實體是本質的有，由於指出必要的現實性；從主觀方面講，是有的本質，由於指出必要的理解性。

只有一種對實體的解釋，亞氏認為應該排斥，那就是把有與本質分割，把有的確性和必要性拋擲到有之外，放在一種抽象的普遍性裡去，這就是柏拉圖主義的觀點。

第六節 對柏拉圖主義的批判

亞氏認為柏拉圖主義的特性是把理型看作分離的實體，是脫離個體有而獨立存在的現實，同時又是個體有的本體。亞氏卻認為理型的現實就是個體的現實，把理型當作分離的實體是不可能的。理型是普遍的，但是普遍的不可能成為實體，因為共相包括許多事物，實體則屬於個別的有，如果屬於這個有，就不屬於另一個有。如果作為一個實體的張三，還包括另一個實體，張三將由多數實體合成，這是不可能的。

亞氏提出四點看法以反對理型的現實性。第一，如果肯定每一個理型就是一個觀念，那麼，就像一個人，以為如果不把數字加多，就沒辦法計算眼前的實物一樣。就事實來說，理型應該比可以感覺的對象更多，因為不只個別的實體有與之相應的理型，它們的各種形式或特性也應該有。理型變成了加在感覺現實上的現實，哲學家在解釋感覺現實之外，還得解釋加上去的理型，徒增困擾。第二，根據柏拉圖主義者用以證明理型的實在性的論證，必須肯定就連所謂非有也有理型，因為對於非有也可以有觀念。這樣對於理型與其相對事物之間的類似關係也應該有理型，例如在人的理型與個人之間應該有第三個人；在這第三個人與人的理型和個人之間，又應該有其他理型，如此類推，可以增至無窮。第三，理型並沒有用處，因為對於了解世界的現實毫無幫助。理型不是任何運動和變化的原因。肯定事物分享理型等於什麼都不肯定，因為理型並非限定事物本性的動靜的原理。第四，實體必有所從出，《費多篇》肯定理型為事物的原因，依亞氏的看法，實無法理解，即使有理型存在，仍然需要一個中間性的積極原理使事物發生，否則事物不可能出自理型。

然而上述這些論點並不足揭示亞氏與柏氏分道揚鑣的真正原因。這些論點建立在一個先置條件上，那就是在理型的現實性與感覺世界和人的理性之間，存在著無法合攏的鴻溝，而這種先置條件並不屬於柏氏的真正精神。柏氏肯定理型是價值，是構成世界的理想基礎，以及人用以衡量事物的標準。亞氏認為在理型與世界之間有一條鴻溝，並非由於柏氏直接或間接地否認了二者之間的關係，而是無法根據理型去衡量世界。理型是善，是美，是世界的秩序和完美的衡量標準，構成一個不同的，外在於世界的原理。亞氏發現了

「有」本身內在的確性，必要的確性，使之遠離柏氏將有與其自己的價值分割的理型論。

對於柏氏，根本價值是倫理價值，這些價值不純是人性的，也是宇宙性的，構成「有」的原理和基礎。對於亞氏，根本的價值是本體性的，是形上的價值，來自「有自身」，倫理價值只屬於人性範圍。

第七節 實體與變化

柏氏留戀於理想世界，亞氏則不願冒險而回到具體的經驗現實。亞氏從未否認柏氏所深深地體驗到的形上需要，只是試圖使之理性化和系統化。亞氏特別注意到那些未曾得到結論的二元論，例如現實與理性，物質與精神等關係，柏氏對於這些關係的解答始終未能完全脫離神話的色彩。

理型世界的超越性造成許多困難，假如理型是事物的本質，其超越性將使事物的可理解性難以建立；假如本質不能在具體的事物內實現，具體的事物將沉沒在非理性的世界中。假使理型是生命的目的，那麼生命對於理型所有的緊張趨勢將永遠不會滿足，因為這是一個完全超越的目標。在另一方面，如果將物質看作理型的另一個極端，有如盲目的必然性，理型就不可能成為物質的本質。既然在這些形上現實之間沒有道路可通，那麼所謂分享，模仿等名詞也將顯得空泛不實。

亞氏主張重新與存在親近，與具體現實接觸，在實在的世界裡尋找存在和生命的原理，因此強調以客觀的態度去探討事物的內在意義的重要。

我們直接經驗到的現實是個別的，是具體的個體物，而不是普遍的抽象物。具體存在的是這個人，這棵樹，而不是人之本質，樹之本質。個體是在己存在的實體，是所謂第一實體，是基本實體，是不可分的合一，其部分是為整體而存在的。

我們應該從那些對於我們比較容易認知的東西開始，逐漸達到那些本身不容易認知的東西，就如行善也是從個人開始，然後推己及人 (*Met.*, VII, 1020b, 310)。對於我們比較易於認知的是可感覺的實體，這些實體是屬於變化的。那麼實體在變化中所扮演的角色是什麼呢？

化成者必有成因，此即化成原理。變化的完成或終點是元形 (Form)，變化之所從出或起點，並不單純地是元形的缺乏，而是元形的潛能，是元質 (Matter)。一位銅匠製造銅像時，銅匠不產生銅，也不產生像，他只是把一個已經存在的像給予已經存在的銅。如果銅匠必須產生像，必須取自什麼東西，就如取自銅，那麼必須有一個東西，從這個東西取像；然後必須肯定另外一個東西，從這另外一個東西，取出那個可以產生像的東西，如此類推，永遠得不到結論。由此可見限定元質的元形不化成，化成的是由元質和元形合成的東西。把實體單獨地當作元質或元形都不能解釋變化，變化中的實體是合成物 (*Met.*, XII, 1033b)。

然而這並非說一物之元形是在我們所看到的東西之外，房屋是在磚瓦所造成的建築物之外，否則元形將不會成為限定的東西，這個房屋或這個形像。元形指出一物之本質，而不告訴我們一物之存在。使一物完成，就是自一存在之物，抽出新的元形，形成新的事物。限定的現實是獨立存在於形成張三或李四的這些血肉的元形，張三和李四自元質方面看，固然不同，自元形方面講，卻是一樣，皆有人性，而人性是不分的。元形和元質是構成物質世界的兩個原理，元形是限定的原理，元質是被限定的原理。

實體是化成的原因。《形上學》的第一卷提出四個原因，重論在《自然哲學》中已經提過的主張 (*Physics*, II, 3 and 7)。亞氏指出，論原因，有四種形式。第一個我們稱之為實體，亦即本質，因為一物之「何性」，即一物之形因。第二個原因是元質或底基，即一物之質因。第三個是成因，亦即變動之由來或原理。第四個是目的因，是每一個發生和化成的終向 (*Met.*, I, 3, 983a, 26)。這四個原因都可以歸納到實體，可以說是實體不同的限定或說明。

第八節　潛能與完成

實體在變化中的作用使之獲得一種新的意義，一種積極的價值。實體成為目的，成為形成元質的構造性活動，成為個體的實現，由此化生得以完成。

由元形和元質可以看到兩個更普遍的形上原理——完成與潛能。元質是潛能，元形是完成。能力有兩種，積極能力是在己或在他產生變化的能力，如火之能燃燒發熱。消極能力乃承受變化的能力，如木之可以被燃燒。消極能力是元質的能力，即潛能，積極能力是活動的原理，是成因。

完成指事物的存在，對於潛能而言，「就如建築之對於了解建築，清醒對於睡眠，觀看對於閉上眼睛，雖然並非沒有視覺，就如由材料製成的物品對於原料和尚未完成的物品。」(*Met.*, IX, 6, 1048 b)

有些完成是運動，有些是行動。行動在己有目的，例如觀看；反之，建築則不然，其目的是外在的，這些向外的行動，亞氏稱之為運動。

化成和變化的經驗，使我們認識潛能。一棵樹發芽長葉，說明它有發芽長葉的潛能，芽與葉尚未發生之前，處於潛能狀態。一個新思想的產生，說明該思想已經潛伏在我的思想能力中，也就是說，我有形成該思想的能力。

由物體的變化我們可以知道，有的東西處於潛能狀態，有的東西處於完成狀態，有的東西則處於潛能與完成之間的中間狀態。處於潛能狀態的尚未動，處於完成狀態的已經完成了它的運動，處於二者之間的正在動。請看下圖：

在此圖中，A 代表潛能 (Potency)，B 代表完成 (Act)，P 居於二者之間，代表由潛能到完成的過程 (Process)，P 對 A 說，處於完成狀態，對 B 說則處於潛能狀態，因為 P 已經走向完成而尚未完全完成。所謂變化即是由 A 到 B 的過程，即是 P。可見變化是不完全的完成，因此亞氏不說變化是處於潛能狀態的現實的潛能，因為變化不是 A；也不是處於完成狀態的現實的完成，因為變化也不是 B；而說變化是處於潛能狀態中的現實的完成，變化是由潛能到完成的移動或過程。

在上述定義之後，亞氏還加上一句：「而單指潛能狀態。」例如銅像與銅，銅之為物，已處於完成狀態，但是有成為像的潛能，因為銅單指銅的時候是處於完成狀態，如果指它能成為像的時候，則處於潛能狀態。變化不是銅，不指銅的完成狀態，而是指可以成為銅像時的潛能狀態。

一物之有與無不能並存，但是一物之潛能狀態及完成狀態可以並存。一物開始有，尚未完成，但也不是純粹的虛無，而是潛能的有。

潛能是有的勢能，完成是有的實現。屬於變化的有，在已有潛能，能成其尚未有者。一物存在，就有完成，可見變化者已在完成中，但並非在完全的完成中，乃走向完成的潛能。由變化可以看到完成與潛能兩個原理。

變化是完成中的潛能，變化中的東西有完成的成分，也有潛能的成分，但不在同一觀點之下，因此變化並非矛盾現象。

一個現實如何自潛能過渡到完成呢？一物之完成不是一物之潛能，不然的話，有將成為非有，因為潛能是非有，完成是有的實現。可見要使一物由潛能過渡到完成，必須有一個已經完成的有去限定，去推動，由此可以看到完成的首要性。

在理則學方面，完成先於潛能。一物之可以被認知，由於它是處於完成狀態，而非由於它處於潛能狀態，因為只有完成的才是限定的，只有限定的才可以被認知。潛能藉完成才可以被認知。我確知一物存在，因為我看到了它的存在。我不能單單認知潛能，我只能認知此一物或彼一物的潛能。

在形上學方面，表面看來是先有潛能，後有完成，就如先有蛋，後有雞。可是如果沒有完成之有，去推動潛能，潛能將永遠是潛能，永遠不會完成。變化之成因應該先存於變化本身，成因即是完成。

化成中的有，不自化，其化成之充分理由，不在己而在它，此它即是使之由潛能過渡到完成的它。由潛能到完成的過程就是動，因此化成中的有，由它物所動。任何一物之動，皆由它物所動。主動者即是完成原因。

第九節　不變的實體

限定了實體的特性及作用之後，必須進一步區分實體的種類。實際存在的實體有幾類？可以分為兩類：可感覺的，屬於變動的實體和不可感覺的，不變的實體。第一類的實體構成物質世界，又分兩部分：一為構成天體的實體，不生不滅；一為構成世界的實體，是屬於生滅的。這些實體都是自然哲學研究的對象。不變不動的實體則是神學研究的對象，《形上學》的第十二卷就是討論不變的實體。

亞氏在《形上學》第十二卷第六章和《自然哲學》第八卷第十章內，藉天體運動的永恆性和連續性以推求一個不動的實體的存在。第一天界的連續一致的，永恆的運動規範其他天界的運動。其他天界的運動也是連續的，永恆的。第一天界的運動應該有一個原因──第一個發動者。第一個發動者本身不能是被動的，否則也需要一個運動的原因，這個原因又需要另外一個，如此類推，以至無窮，問題也將永遠懸而不決，因此必須肯定第一個不動的發動者的存在。第一個發動者應該是完成而非潛能。如果天界的運動是連續而永恆的，此運動的發動者不只是永恆的完成，而且自本質而言也應該是完成，不包含任何潛能的成分。潛能是元質，第一個發動者不能包括元質，第一個發動者是純粹的完成 (*Met.*, XII, 6, 107, b, 22)。

這個純粹完成沒有大小可言，因此沒有部分，是不可分的。有限大不能有永恆的運動，因為有限的東西不可能有無限的能力；同時無限大根本不可能存在，大小是相對的。第一個發動者超越大小，是絕對的實體。

第一個發動者是第一個動因，也是第一個目的因，是理智和意志追求的對象。可理解的同時也是可追求的，因為理性確然認為是美好的，意志自然會加以追求。在可理解現實——「真」的等級中，絕對的，單純的實體佔第一位；在可追求的現實的——「善」的等級中，絕對的現實，也就是善本身佔第一位。由於可理解的和可追求的二者可以同一化，最高的真理與最高的善也可以同一化。不動的實體即是至真，也是至善。因此不動的發動者也是愛情的對象 (*Met.*, XII, 7, 1072b, 2)。

不變的實體是最高的實體，完全把握精神生命，而人只能短暫地獲得生命。只有神的智慧不能有異於自己或低於自己的對象。神的思想對象就是他自己，思想與思想對象在神是合一的。在人則不同，他的思想與思想對象往往不同，因為人的思想對象有時離不開物質現實。「如果神是最純全的，認識自己，他的思想就是思想的思想。」(*Met.*, XII, 9, 1074b, 34) 又由於思想活動是最崇高，最美好的活動，神的生活因而也是最純全的，永恆而充滿幸福的生活。

上帝並非唯一的不動實體，他是解釋第一天界的運動的原理，此外還有其他的永恆運動，其他的天界，因此必須肯定，有多少天界運動，就有多少發動者。亞氏肯定許多發動者的存在，每一個規範一個限定的天界的運動，就是此天界運動的原理。上帝是第一天界的發動者，是宇宙間每一個運動的第一原理。發動者的數目是根據當時天文學家對於天界所估計的數字而定的。

亞氏在上帝——第一個發動者，純粹完成，思想的思想——之外，肯定還有許多不動的，永恆的實體，他們也是有智慧的。第一個發動者只有一個，不動的實體卻有許多。然而這並不阻礙亞氏的神學肯定嚴格的一神論，就如柏拉圖在法律篇中所肯定的，因為亞氏也強調神的超越性。柏氏強調上帝是宇宙的靈魂，亞氏強調上帝發動宇宙，在宇宙之外，啟發第一天界追求神的純全生命。亞氏未曾肯定上帝創造宇宙的行動，卻認為上帝是宇宙秩序的條件和保證。

亞氏的上帝不是有位格的神，不是意志，也不是愛情；不是創造者，不是設計神，也不是照顧萬物的神。亞氏的上帝觀念源於宇宙論的需要，而不源於人類渴望救援的需要。上帝的超越性只構成他的外在性，而不構成他的位格性。亞氏的上帝是最高的目的，傾向於他等於嚮往一個沒有位格的真理。我們與上帝之間沒有位格的關係，沒有你和我的關係，就如我們與大自然之間的關係，就如我們與數學原理之間的關係。

第十節 物質世界

亞氏的《形上學》通過對於感覺世界的觀察，進而探討不動的有，其中對於自然現象的挽救，用心良苦。自然世界的探討，對於柏拉圖，不出意見的領域，對於亞氏，乃是嚴格的知識。在自然界內，事無大小，都值得我們去探討，絕不可把它們看作沒有意義的東西。他說：「較低級的實體更易於使我們認知，在知識領域中，應佔上風；由於與我們比較接近，與我們的本性也更適合，研究自然的學問與探討天體的哲學應該有同樣的價值……應該時時注意，討論現實的任何一部分或一個因素，其重點並非觀察物質一面，興趣也不在此，而是要欣賞其整體性的限定。主要的是房屋，而不是磚頭，石灰，梁柱；在研究自然方面也是如此，重要的是一個限定現實的整體性的實體，而不是它的部分，這些部分與構成它們的實體分離時，根本就不會存在。」（《論動物之器官》，I, 5, 645a）

這些看法的形上基礎，在亞氏的實體論中可以找到。亞氏的實體論告訴我們，每一個有，有其自己的原理或必要確性的原因。每一個有，有其自身的價值，值得我們探討，確能成為知識的對象。亞氏提醒我們注意事物的整體性，因為實體在整體性內實現，因為實體正是使一個有成為有的限定原理。

由此我們也可以看到，亞氏為什麼重視與存在親近，與具體現實接觸。我們直接經驗到的是個體，是張三或李四，而不是人的本質。事實告訴我們，亞氏的科學研究越來越著重個別的探討，他特別注意動物世界，給後世留下了不少有關自然史的著作。他也未曾忽略涉及實際經驗的其他領域，他開始收集一百五十八個政治憲法的工作。

物理學是一種理論的知識，與數學和形上學並列。物理學的探討對象是屬於運動的有，分為兩類，一是有生滅的世界，一是沒有生滅的天體。

運動或變化是由潛能到完成的過程，變化常有目的，即其所要實現的元形。變化有兩種，實體變化和附性變化。由一物到另一物的發生和毀滅是實體變化，如紙燒成灰；實體不變而附屬的特性變時，只有附性變化，如兒童變成青年。

由實體變化可以看到物質世界由兩個不同的原理所構成，一是限定的原理——元形，一是被限定的原理——元質。元形和元質是構成物體——合成物的兩個內在原理。此即亞氏著名的形質論 (**Hylemorphism**)。

元質是潛能，元形是完成。在物質世界，這兩個是形成物體的原理，存在的是合成物，元形和元質不獨立存在。元形就其為單純的完成作用時，不獨立存在，而是如潛能的完成作用才存在。元質就其為單純的潛能作用也不獨立存在，而是如被元形所限定之潛能才存在。存在的是二者的合一，發生變化的即此合成物。元形與元質之間的區別是理則性的，因為實際上它們並不單獨存在，存在的是限定的個別實體。元質不是元形的絕對否定，而是元形的缺乏，而是能接受任何限定的潛能，否則將成為虛無。

一物之動需要外在的發動者，一物的完成需要外在的原因，因果的連繫使事物成直線的連合。這一連繫不可無限制地推進而不肯定一個純粹的完成，第一個發動者，最高或最後的原因，否則等於排斥肯定任何原因的可能，必將陷入矛盾。

現實的另一個極限是元質，純粹的潛能和不限定性。元形指出事物的普遍本質，元質則是使個體成為個體的根本基礎。個體性原理不是元形而是元質。以不能混淆的個體性給予個人的是那些附屬的，偶發的特性，再加上那些不正常的因素，這些都不能來自限定其本質的元形。

然而元質是不限定的潛能，如何能成為個體性的原理呢？在亞氏的思想中，個體是一個勾畫不出來的東西，就其為「種」(Species) 的最具體實現而言，個體應該是可理解對象中的最卓越成分，因為只有實現的現實才是可以認知的。然而正好適得其反，由「種」到個體的過程成為無法言喻的跳躍。個體所呈現的特性可有可無，也可以變換，而那些不正常的因素又足以造成生命走向其限定目標時的阻力。個體顯得使人捉摸不定，不可理解。

元形與元質之間隱藏著一種深刻的衝突，因此我們通過「種」的合一性，仍可發現個性的存在，日新月異，甚至發現怪誕的，不合理的現象。

在純粹的完成與元質之間，宇宙間的一切得以發展。在沒有生命的世界內，亞氏藉四大原素的聚合解釋物體的不同。每一種原素有其自然的位置，有自己的運動和性質。土性寒燥，其運動是由上而下，位於最下；水性濕冷，其運動也是由上而下，位於土上；氣性濕熱，其運動是由下而上，位在水上；火性燥熱，其運動也是由下而上，位於最上。輕物運動的方向是離心的，重物運動的方向是向心的。可生可滅的原素有循環式的變化，土變水，水變氣，氣變火，火變土等等 (*De Coelo*, I, 3, 270b; II, 3, 286a; IV, 4, 311 a)。

在有生命的世界內，最簡單的生命形式是植物的生命。在此我們第一次看到真正的個體，亦即不可分的實體。物理原素的機械式結合不足以解釋植物生命的作用，機械論者到此應該止步。物理原素成為植物的元質，它的元形是一種較高的元形——生魂，而使植物生長，給予它更大的合一性。生魂是生命，生長與再生的原理。

同樣植物元形在動物的世界內，成為元質，而動物的元形——覺魂又比生魂為高。覺魂是感性，本能與衝動的原理。最後感覺元形在人的生命內，成為理性元形——靈魂的元質，而理性元形就是自我意識的原理。亞氏肯定生命的表現屬於元形的限定，而不屬於由原素構成的物理界，等於肯定生命是一個特殊而神祕的現實，同時也說明宇宙孕藏以自我實現為目的的深刻而迫切的性向，雖然它沒有自我意識，其內在元形也不足以說明其生存與發展的條件。第一個條件是超越的，絕對的純粹完成，是完全的思想。高級現實包括低級現實，又超越低級現實。目的論包括機械論，並不使之消失。

宇宙自整體而言是完全的，因此也是有限的。有限與完全有同樣的意義。如果世界在某一方面是無限的，尚未完全實現，世界將不是完全的。空間是包圍它的不動的限制，因此世界以外，沒有空間。時間是世界的連續運動的可以衡量的秩序，世界之外也沒有時間。

世界上的一切都是循序而有目的的。「神與自然從不作無益之舉。」(*De Coelo*, I, 4, 271a) 宇宙的秩序就像有一個好領袖的軍隊或一個好家庭，其中每一個人都能善盡己職。沒有絕對的偶然，石落人傷，我們說是偶然，因為石落的目的不在傷人，然而石落並不超出事物的秩序。

第十一節　靈　魂

魂為實體，是限定形體的元形，給予物體生命。魂對於形體，就如視覺活動對於視機能一樣，使形體內潛在的生命得以完成。每一個工具都有自己的作用，亦即自己的活動，例如剪刀的作用在於剪物，形體就像工具，它的作用是生活，是思想，此作用的原理和完成是魂。

人的魂稱為靈魂，其最大的作用是思想，是理解，但是也包括了生長，再生，感覺，運動等低級活動。

感覺器官有五個，每一個提供特殊的感覺，如眼看顏色，耳聽聲音。每一個器官又能分辨自己的感覺，例如黑與白，苦與甜等等。此外尚有一個共同的感覺中樞，其功能在於分辨各不同器官所提供的感覺，例如白與甜。感覺活動與感覺對象相關連，例如聽覺與聲音相關連。在此意義之下可以說，沒有感官，也就沒有感覺對象，沒有視覺，也就無所謂顏色。在完成的狀態之下，確實如此；但是在潛能的條件之下，感覺對象仍然存在，我不用眼看的時候，紙仍然有顏色；然而只有在感覺活動的完成之下，感覺對象才與感性有所關連，才會成為真正的感覺對象。

感覺與想像不同，想像是感覺活動的產物，與感覺作用相似。想像與知識不同，知識指確定不疑的認知；想像與意見也不同，意見至少自信與對象的現實性相符，想像缺少這種自信。雖然如此，想像也能限定動物或人的行動，尤其當動物或人受到情緒或病苦困擾的時候。

靈魂接受想像，就如感官接受感覺作用，其功用在於判斷真假，分辨善惡；然後根據理性的判斷提出贊成或反對，決定加以追求或逃避。理性是判斷能力，對感官所提供的想像加以判斷。亞氏說：「一個人如果不由感官取得資料，什麼也不會學習和了解；凡有所思，必然是根據想像。」(*De anima*, III, *7*, 432a) 然而思想和想像的功用截然不同，思想對於想像所提供的資料加以判別，指出它們的真假或好壞。

就如感覺是感覺對象的感覺，思想是思想對象的思想。理性在活動時，其理解活動就是其所理解的真理。活動中的理性是與其對象合一的，但是對於潛能狀態下的理性則沒有上述合一，因此必須將理性分為潛能的和完成的。完成的理性在完成中包括所有的真理，即理解活動的一切對象，就如光線完成在黑暗中處於純粹潛能狀態的顏色。真理對於潛能狀態中的理性只處於潛能狀態，需要完成的理性使之完成。為此亞氏說主動的理智是「獨立的，不可損壞的，單純的。」(*De anima*, III, 5) 他是不死的，永遠存在的；被動的理智卻是有死有壞的，沒有主動理智的完成便一無所思。

至於主動理智與上帝有何關係？與感覺性有何關係？其獨立性的意義何在？亞氏對於這些問題未加探討，未來的士林哲學將對這些問題詳加討論。

第十二節　倫理學

每一個探討活動，每一個行為或選擇，無不指向一個目的，看來美好的目的，目的與善相互關連。人生的目的是多樣的，有些目的的追求是為了達到更高的目的，例如人追求財富和健康是為了快樂。但是應該有一個最高的目的，本身就值得追求。如果其他目的是善，這個最高的目的就是至善，眾善歸向至善，眾目的歸向至高目的。亞氏又肯定最高目的就是幸福。

何為幸福？此問題的解答與確定何為人生的責任有密切的關係，因為人在善盡責任的時候才會幸福，音樂家奏出好的音樂時，建築師造出好的建築時才會幸福。人之所以為人，不在於有植物的生命，也不在於有動物的生命，而在於有理性的生命。人如欲幸福，必須本著理性去生活，理性的生活是德行。幸福的探討一變而為德行的探討。

德行是真正屬於人的活動，快樂隨之而生 (*Eth. Nic.*, X, 4, 1174b)。外在的好處，如財富，才能，美麗等，能助人修德行善，但是不能有決定性的作用。善惡取決於人，而人生的目的並非由人自擇，在人有一種本性之光，指導人正確地判斷，以選擇真善 (*Eth. Nic.*, III, 5, 1113b)。德行繫於方法的選擇，針對至善而選擇，由此可知，德行在人的自由行為中產生。

靈魂有理性，也有意志或欲望，欲望受理性的管制。因此基本的德行有兩個：第一個在於理性的運用，是為理智的德行；第二個在於使衝動服從理性的指導，產生好習性 (Ethos=Mos)，是為倫理的德行。

倫理德行離不開中庸的習慣，中庸之道符合人的本性。中庸排斥兩個極端，一為過，一為不及。勇敢是怯懦和魯莽之間的中庸，是針對應不應該畏懼的事物而產生的德行。節制是不制和麻木不仁之間的中庸之道，其目的在於適度地獲致快樂。大方是吝嗇和浪費之間的中庸之道，使人善用財富。豁達是虛偽與卑鄙之間的中庸之道，使人合理地衡量自己。良善是暴燥和怠惰之間的中庸之道，使人克服憤怒。

德行中最主要的是正義，亞氏對此論述很多，在《倫理學》中有一卷專論正義問題 (*Eth. Nic.*, V=Eudem., IV)。廣義地講，正義如指守法，不是一個特殊的德行，而是包括眾德的完全狀態，因為守法的人就是純全的人。狹義地說，正義又分為平分正義和改正正義，前者在於按功分配財富及榮譽，後者專司罪與罰的處理。

法律建立在正義上。亞氏分法律為私法及公法，公法的對象是國家內人民的團體生活。公法又分為由國家所制定的成文法律和來自人性的自然法律。自然法即使未經社會的法律認可，仍然有其自身的價值。

理智的德行包括知識，技術，明智，聰明和智慧。知識 (Science) 是求證的能力，以必要的和永恆的事物為對象。技術 (Techne) 是生產物品的能力，其目標是外在的。明智 (Fronesis) 是在人事方面使人行動適度得當的能力，選擇中庸之道，倫理德行由是而生。聰明 (Nous) 是拾取各種知識的基本原理的能力，第一原理之所以為第一原理，不被拘限於各種知識的領域。智慧 (Sofia) 是知識的顛峰，知行的完美合一。智者同時把握了知識與聰明，不只會運用原理，且能判斷原理本身的真實性。明智使我們注意人間的事物，善自處理，以斷定它們是否合宜，是否有益；智慧卻注意那些更高貴，更普遍的事物。

《尼可馬甘倫理學》的第八第九兩卷討論友誼。亞氏認為友誼在人生中的地位非常重要，友誼是一種德行，至少與德行有密切的關係。友誼指出人與人之間的團結及感情關係。這些關係可以建立在快樂，利益或善上，建立在快樂和利益上的關係不會持久，隨快樂或利益的消失而消失。只有建立在善和德行上的友誼才是完全而堅固的友誼，因為是建立在人格的基礎上。

由於德行即是幸福，最高的幸福在於最高的德行，最高的德行是理智的德行，以智慧為顛峰。智者的生活充滿了安詳與和平，因為他不在紛擾的世事中去追尋不安定的目標，而是在自己的理性活動中去了解真理，把握至善。亞氏說：「站在人的立場，人不應該醉心於人間的事物，就像某些人所肯定的：站在有死的存在的立場，追求有死的事物；而應盡心竭力，使自己不朽，舉心向上：也許自量一方面去看，所得不多，但是自能力與價值方面去看，卻遠勝於其他事物。」(*Eth. Nic.*, X, 7, 1177b)

第十三節　政治

德行在團體生活——國家之外將無法實現。團體生活的來源在於個體不能自足，不只無法滿足自己的需要，而且離開法律和教育，也無法達到德行的境界。為此國家的目標不只是使人民能夠生存，而且應該是使人民在物質和精神方面皆能幸福地生存。由此也可以了解，為什麼一個政治團體不可能是由動物或奴隸所組成，因為他們不能自由選擇，分享

幸福 (*Polit.*, III, 9, 1280a)。

當時有些人尋求難以實現的理想國，柏拉圖就是其中之一，又有些人希望在那些已經存在的政體中，勾畫出一個固定的格式。亞氏走中間路線，他所尋求的是一個能適合各邦的政體。「必須計畫一個不只完善的政府，而且是可以實現，是所有人民都能適應的政府。」(*Polit.*, IV, 1, 1288b) 亞氏《政治學》的理想在最後兩卷中可以看到，他對於較完善的政體提出理論的說明，然而他在完成自己的理論時，並未忽略對於已存的各種政體和政治問題加以探討及批評。

就如柏拉圖，亞氏也把政體分為三種：君主政體，即一人的政府；貴族政體，即少數優秀份子的政體；民主政體，即多數人的政府。與此三種形式相對的也有三種腐壞的形式，即暴君政體，只顧一人的利益；寡頭政體，只顧幾個掌權者的利益；好的民主政體是為全體人民的利益而設的，壞的民主政體則不會顧到任何人的利益。

一個政體如能適應人性的需要，歷史的條件，就是好的政體。它的基本條件是對於人民的物質生活和道德生活能兼而顧之，其他如人口的多少，土地的大小，人民的習俗，職務的分配，都是應該重視的問題。亞氏不贊成柏氏的財產與婦女共有之說。國家應負起教育公民的責任，使所有的公民都有平等接受教育的機會。教育不是為備戰，而是為創造和平的生活，為使公民善盡那些必需而有益的職責，尤其是為使公民修德行善，度聖善的生活。

第十四節 文學

在團體生活中，有些技術是必要的，修辭學就是其中之一。修辭學接近辯證法，二者的運用都是為了提出證明，反駁對方的論點，其目的不在勸人採取行動，而在於指出說服別人的方法。修辭學的探討對象是那些蓋然的或近似蓋然的道理，詭辯派用以推翻真理，一個真正的演說家則用以為真理服務。

藝術是模仿，但是模仿可以有不同的材料和形式，也可以指向不同的對象。可以藉顏色或圖形而繪畫，可以藉聲調或音符而譜成音樂，也可以藉文字語言而作詩。從對象方面看，可以模仿卓越的人物而編演悲劇，可以模仿普通人物而編寫喜劇。模仿的形式可以是敘述式的，也可以是戲劇式的。

亞氏在《詩學》中提出他的悲劇論：「悲劇是模仿一個嚴肅而完整的行動，行動的範圍要相當廣泛，劇詞的變化依不同的情節而有不同的比例，藉劇中的角色而發展，並不是平鋪直敘，最後才會藉同情和恐怖的出現，產生情慾的淨化。」(*Poet.*, 6, 1449b) 亞氏特別強調悲劇的合一性，劇中情節前後必須連貫，如果加以變換，全劇的秩序都將混亂。悲劇的特性和目的在於逼真，為此亞氏說：「詩比歷史更哲學化，意境也更高；詩表達普遍，歷史表達個別事件。」(*Poet.*, 9, 1451b)

柏拉圖認為悲劇在情節中藉激動的情慾引起觀眾的興趣，足以煽動觀眾的情慾。亞氏卻認為悲劇有淨化人心的作用。他認為音樂也有淨化的作用 (*Polit.*, VIII, 7, 1342a)。為此亞氏肯定藝術、詩、音樂都是很有力的教育工作，可見模仿有其內在的功用和價值，柏氏則在模仿內看到藝術的虛幻，因為感覺世界對亞氏而言，不再是單純的外現，而是可以作為知識對象的現實，為此感覺世界的模仿也失去了虛幻外現的性質。

藝術的淨化作用，不只是人心的一劑良藥，也代表精神生活的一種崇高的境界，在此境界中，情慾並不消失，但是得以淨化和超升。庸俗的情慾指向一個特殊對象——人或事物；人的愛、惡、怕等情慾對之緊隨不捨；藝術透過戲劇的情節或音樂的節奏以表現情慾，使人離開對象，轉注情慾本身，因而使之淨化。

第十五節　理則學

知識有許多種，彼此不同而又相關。亞氏將人類知識分為三組：第一組包括物理學，數學和哲學，是為理論知識，以有為對象，或探討有自身，或自某一個特殊角度去探討有；第二組是實際知識，包括倫理學，政治學等，以人的實際行動為對象；第三組是文藝知識，偏重於人的情感活動，如文學，藝術等。各種知識雖然不同，但由於都是知識，有其共同的方式，共同方式的探討，是理則學的任務。

使理則學成為一種獨立的知識，在西方思想史上，亞氏是第一人。顯然理則學的價值繫於將知識的共同形式與每一種知識的個別對象加以區分的合理性，也就是繫於抽象作用的合理性。藉抽象作用，每一門知識才能限定自己的對象。抽象作用的合理又建立在實體論的合理性上。把普遍形式與個別內容分開來觀察，只有在肯定普遍形式即實體的必要本質時，才能成為合理的。抽象即是在與事物的偶有個別性分開的情形下觀察事物的必要本質。理則學既然是對於思想本身所作的分析，是以形上學為基礎的。亞氏肯定理則學是完成哲學探討不可缺乏的工具和技術 (*Met.*, IV, 3, 1005b, 6)。

同時，上述的理論如果可以成立，理性認識的真理才得以建立。元形（普遍形式）同時是現實之理，也是認識之理。由於是現實之理，元形成為實體；由於是認識之理，元形成為觀念。元形保證觀念與實體之間的關連，因此也保證認識的真實性和有的合理性。有與真理相互關連，例如如果人存在，肯定人存在就是真的肯定；如果人存在這一個肯定是真的，人就存在。此相互關連的基礎是現實。現實如此，並非由於我們對它的肯定是真的，反之，我們肯定它是真的，乃由於現實確實如此(*Cat.*, 12, 14b, 21)。換言之，觀念的真理建立在元形的實體性上，而非元形的實體性建立在觀念的真理上。形上學先於理則學，建立理則學。

亞氏的理則學著作總稱「工具」(Organum)，指探討的工具，其中第一部是《範疇論》。範疇是事物的基本存在方式或基本謂詞，因此同時是有和語言的限定。範疇有十個，即1.實體，例如人。2.量，例如三尺長。3.質，例如白色。4.關係，例如父子。5.處所，例如在學校。6.時間，例如昨天。7.姿勢，例如坐。8.狀態，例如穿著靴子。9.主動，例如打。10.被動，例如被打。

但是在《分析後編》中，亞氏省略了姿勢與狀態二者，可見範疇的重要性不同，並非都是必要的。第一個範疇——實體也是最重要的，與之相對的是觀念或定義。亞氏在《形上學》中已經指出，定義屬於實體，因為實體指出有的本質。實體，分量和性質是內在的限定，其餘如關係，處所等為外在的限定。

詞代表事物，單獨的詞不表示真假。真假之分，屬於判斷，判斷用語言表達出來就是句。亞氏在《論解釋》一書中討論句的問題，句可以有肯定句和否定句，肯定與否定之間沒有中間路線，如果一個是真的，另一個就是假的，此即排中原理。

句的連繫形成三段論法，是推理的形式。亞氏說：「推理即是在論證中，先提出一些事物，然後必然會派生另一些事物，派生的原因就是由於先提出了一些事物。」(*An., Pr.,* **I, 24b**) 簡單地說，三段論法包括三個語辭 **(Term)**：大辭，小辭和媒辭。這三個語辭相互構成前後三種命題：大前提，小前提和結論。例如「人皆有死，孔子是人，故孔子有死」，在此實例中，人是媒辭，為大辭「死」與小辭「孔子」的媒介，而通過大前提「人皆有死」與小前提「孔子是人」，導出「孔子有死」的必然結論。

亞氏把三段論法分為三種形式：1.媒辭在大小前提中，分別形成主詞與賓詞，如「人是動物，蘇格拉底是人，故蘇格拉底是動物。」2.媒辭在大小前提中均為賓詞，如「人皆會笑，馬不會笑，故馬不是人。」3.媒辭在大小前提中均為主詞，如「人皆會笑，人是動物，故有些動物會笑。」在第二個形式中，前提中的一個以及結論是否定的；在第三形式中，結論常是偏稱的。

三段論法又依真理的程度分為證明的 (Demonstrative)，辯證的 (Dialectical) 和詭辯的 (Sophistical) 論證三種。證明論證的結論最確定，它以第一原理或直接自第一原理派生的知識為前提。辯證論證則建立在蓋然性的前提上。詭辯論證的前提則是似是而非的。知識只能來自證明論證，詭辯則只能用於爭辯術，辯證法適合於操練推理的時候運用。

三段論法之外，哲學探討的另外一個途徑是歸納法，此法在於由個別事件求得普遍真理，例如由於觀察到較好的駕駛員是比較有經驗的，較好的運動員等等也是比較有經驗的，因而可以歸納出一個普遍的結論，那就是對於一種限定的活動，比較有經驗的，也是比較好的 (*Top.*, I, 12, 105a)。

歸納法建立在對於一切可能的個案的檢討上，換句話說，檢討越完善，證明越有力量。一個不完全的歸納法，其結論的獲致只賴幾個實例，當然不會有證明的力量。歸納法比三段論法——演繹法更富有說服的力量，因為歸納法始自感覺易於認知的個別事件。但是三段論法比較嚴格，在反駁對方時也比較有效。感覺認識對我們而言比較易於接近，普遍原理在己卻更有力量，因為它們是任何證明都離不開的基礎。認識的一端是個體的認知，屬於感官；另一端是共相的認知，是真正知識的對象。人的知識在此兩端之中發展。由感官到記憶，由記憶的重覆而生經驗。個別經驗經抽象活動而產生觀念，由觀念而生技術和知識的原理。第一原理為一切證明的基礎，本身無從證明而自明，不是知識而是聰明(Nous)的對象，知識之所以有必然的確性，因為建立在第一原理上。

結語：柏拉圖肯定在感覺世界之外，有一個超越的，本體的世界，這是一種基本的要求。這就是理型世界，真正的有是理型，感覺世界的有，屬於變化，不是根本的，它們的存在與本質不同，它們的有是獲取的，是由理型分享的。亞氏否認有所謂理型世界的單獨而自立的存在，我們所經驗到的世界，本身就是具體的，自立的，有本體的實在性，普遍而必要的本質不能脫離個體而存在。藉因果關係，我們可以肯定在經驗世界之上，有一超越的推動者或原因，那就是神，絕對的有。

關於神，柏、亞二氏都承認神的存在，柏氏用兩個方法證明神的存在，一是物理之道，一是辯證之道，前者由運動開始，後者由假設到另一假設，最後引出非假設。由動到不動的推動者，柏、亞二氏立論相同，亞氏更精細；至論假設法，亞氏不同，而採取宇宙的秩序，以推求最高的秩序者。這是根據其普遍的目的論而立論的（參考趙雅博著，《希臘三大哲學家》，一二三頁）。

柏、亞二氏精神不同，其對「有本身」與「絕對有」二大基本課題的解決也有獨特的色彩。柏氏重道德，強調理型世界的本體實在性，至高的理型即是至善，即是神。柏氏特別強調神是超越的生命，與人的關係很密切。亞氏指出柏氏理型論的缺點，將本體的實在性與價值引入具體世界，再通過理論活動去尋求變動的不動的原因與推動者。亞氏所肯定的神於是富有理論的色彩，雖然仍是超越的。神——作為宇宙的第一原因或推動者，在理論上很難不為人接受，然而由於減少了道德色彩，神與人心靈的關係似乎比較淡薄了一些。柏氏比較重視心靈的需要，亞氏比較重視理論的要求，在人類思想史上，柏、亞二氏同是兩顆常明不滅的星。

第十六章 逍遙學派

柏拉圖逝世之後，他的學苑繼續發展了柏氏末期的數學思想理路；亞氏死後，也發生了同樣的情形，他的弟子繼續在科學的探討方面努力。繼亞氏領導逍遙學派的是德奧弗拉斯都斯（Theophrastus of Eresus），直到西元前二百八十六年前後，也就是直到他去世為止。德氏致力於植物的研究，有《植物史》及《植物源起》二書遺留後世，使之成為西方古代唯一的植物學家。此外還著有《物理論說》，綜合前人在物理學方面的見解，只有一些斷簡保存下來。還有一本倫理方面的著作《論性格》，我們今天所有的版本，大概是經由弟子修正過的。

德氏在基本理論上接受亞氏的學說，對於一些個別問題則提出批評。他反對主動知性之說，認為遺忘與錯誤的現象與亞氏所謂主動知性根本無法合攏。他也批評亞氏的普遍目的論，因為在自然界有許多事物與其目的背道而馳；再者，如果在動物界可以看到朝向目的的傾向，在無生物界則看不到。在《論性格》一書中，他描述了三十種不同的倫理典型，譬如虛榮型，煩惱型，不滿型，自大型等。他把研究植物學的方法運用到倫理學方面去了。

另外一位亞氏的重要弟子是優德米斯 (Eudemus of Rhodes)，被稱為亞氏最忠實的弟子。他曾出版亞氏的《倫理學》，因此該書名為《優德米斯倫理學》，也有人認為是優氏的作品。

亞里斯多西納斯 (Aristoxenus of Tarentum) 走畢達哥拉斯路線，由主張靈魂是肉體的協調作用，進而否認靈魂的不死。他有一本音樂方面的著作《和諧論》，只有斷簡留傳後世，可見其對畢達哥拉斯哲學的興趣。又曾寫哲學家的傳記，其中畢達哥拉斯與柏拉圖的傳記特別值得一提。

狄賽亞爾古斯 (Dicaearchus of Messene) 則遠離了亞氏的路線，強調實踐生活高於理論生活。在《政治三分論》中，主張一種由君主政體，貴族政體和民主政體混合而成的政體，這是當時在斯巴達所實行的政體。

繼德奧弗拉斯都斯領導逍遙派的是斯特拉圖 (Strato of Lampsacus)，直到二百七十年前後，共十八年。斯氏被稱為物理學家，可知其研究路線。他致力於綜合亞氏及德謨克利都斯的學說，肯定原子及虛空的存在，然而虛空並不在宇宙之外無限地伸展，只存在於宇宙之內，原子之間，這是為了就合亞氏的學說。此外又強調原子包含某些性質，尤其是冷和熱。

有關宇宙的構成和秩序，斯氏較接近德謨克利都斯，他不贊成肯定神的存在以解釋宇宙的起源，而認為宇宙的發生出於自然的必然性，至少神的活動與此必然性是二而一的事。他極力強調靈魂的合一性，因此認為在感性與思想之間沒有清晰的分界。他說：「沒有思想，感覺也不存在。」但是思想也好，感覺也好，都不過是運動，他將人的認識活動完全歸到普遍的機械論裡去了。

斯氏之後，逍遙派繼續存在，大多著重於自然科學方面的探討，對於亞氏哲學思想的發展，沒有新的創獲，留傳後世的資料也就越來越少了。

第十七章　斯多葛學派 (Stoic School)

亞里斯多德集希臘古代思想的大成，建立了前所未有的哲學體系，博大精深，對後世西方文化思想的影響，難以衡量。亞氏的去世，也象徵著古希臘哲學的衰微。在政治上，由於亞歷山大大帝所率領的馬其頓軍隊征服了希臘各邦，橫掃歐亞，一方面使希臘各邦失去了原有的獨立自主的地位，另一方面使希臘本土的學術文化向外傳播，開始了歷史上所謂希臘化 (Hellenistic) 時期。待羅馬帝國興起之後，希臘變成羅馬帝國的一省，於是希臘文明正式敲起了喪鐘，但在文化史上，沒有人否認希臘是整個西方文明的搖籃。

由於政治及社會情況的影響，當時的學者不再對自然哲學或形上學發生深厚的興趣，而極力尋求個人生活的安頓，因此著重在一種偏狹的倫理方面的研究。

自蘇格拉底到亞里斯多德，莫不強調思想與生活，知識與道德的合一，亞氏以後的希臘哲學卻走向知與行的分裂，因而主觀主義和實踐主義便成為當時特有的色彩。主觀主義易於導致懷疑主義，倫理實踐沒有深入的理論做基礎時，自然會流於膚淺。

斯多葛學派由芝諾 (Zeno, 336/5–264/3 B. C.) 所創。芝諾是西普魯斯 (Cyprus) 人，二

十二歲左右到雅典，熱衷於有關蘇格拉底的著作，認為犬儒派學者克拉蒂斯 (Crates) 是再生的蘇格拉底，師事之。西元前三百年前後，創立斯多葛學派。芝諾與其好幾位繼承人皆自殺而死。著有《國家論》、《人生論》、《情慾論》等書，但只有斷簡留傳後世。弟子中著名的有亞里斯東 (Ariston of Chios)、賀里路斯 (Herillus of Carthage)、狄奧尼修斯 (Dionysius of Heracleia)、柏爾西雍 (Persion of Citium)。

繼芝諾領導該派的是克利安蒂斯 (Cleanthes of Assos)，生於西元前三百一十三年前後，死於二百二十二年前後。生活淡泊，意志堅強，但不善於思考，對於該派的發展，沒有什麼貢獻。

克氏的繼位者克利西布斯 (Crysippus of Soloi) 生於西元前二百八十一年與二百七十八年之間，死於二百零八年與二百零五年之間。被稱為該派的第二創始人，他的功績在於使該派學說系統化。著作多至七百五十卷。

克利西布斯的繼位者是達爾蘇的芝諾 (Zeno of Tarsus) 和狄奧齊尼斯 (Diogenes ofSeleucia) 後者於西元前一百五十五年左右率訪問團到羅馬，羅馬青年對於他的演說極感興趣，但是引起總督加道的反對，因為怕青年受斯多葛學派思想的消極影響而忽略軍人的職責。狄氏的繼位者是安提巴戴 (Antipater of Tarsus)。

芝諾曾奉犬儒派學者克拉蒂斯為師，且自命為犬儒學派的發揚光大者。他主張人生的目的是修德，只有德行能給人真正的幸福。所不同的，是斯多葛學派主張為達到幸福，知識仍有其重要性。芝諾肯定實踐生活離不開知識，然而並不承認知識的獨立價值，知識只是德行的基本條件之一。哲學的觀念與德行的觀念分不開，其目的在於獲得智慧，智慧乃貫通天人的知識，然而獲致智慧的唯一途徑是修德。比較普遍的德行有三種：自然德行，倫理德行和理性德行；因此哲學也分三個部門：物理學，倫理學和理則學。

第一節　理則學

理則學研究的對象有內在的及外在的兩種，內在的是思想，外在的是語言。內在理則學也叫辯證法，外在理則學也叫修辭學。

最根本的問題是何為真理的標準？亞氏以後的希臘哲學都主張思想是行動的指導，如果思想本身沒有一個真理的標準，盲目地發展，如何能指導行動呢？斯多葛學派肯定真理的標準是「觀念的表象」，這句話可以有兩種解釋，這兩種解釋在該派的著作中都可以找得到。一種是指理智了解對象的活動，一種是指對象在理智內促起表象的活動。觀念的表象與認知主體的同意有關連，同意則是自由和自主的同意。如果在接受一個表象時，例如目睹鮮紅的顏色或耳聽嘈雜的聲音，並不由人來決定，因為這些表象確實來自客觀對象所引起的感覺作用，然而對於表象加以同意卻常是自由的行動。同意構成判斷，判斷正是對某事的同意，不同意或暫時不作決定。根據賽克斯都斯 (Sextus Empiricus) 的考證，晚期的斯多葛學派以為只有絕對自明性的觀念表象才能成為真理的標準，才有力量促起認知主體的同意。

有關認識的起源問題，該派持經驗論。一切認識皆源於經驗，經驗是被動性，因為繫於外在事物對於主體的行動，主體如白紙，表象就是外在事物在主體內所做的記錄。克利安蒂斯認為表象是印在心靈上的記號，克利西布斯則認為是心靈的變化。無論如何，表象由外在事物或心靈的內在狀態所促成，由認知主體被動地予以接受。內在經驗與外在經驗之間並沒有分別。表象消逝後，留下回憶，許多同類的回憶構成經驗。透過自然的過程，經驗產生自然的觀念，再經過理性活動的製造而成為普遍觀念，普遍觀念是知識的基礎。理性活動離不開感性所提供的資料。

然而觀念沒有客觀的實在性，只有個體是實在的，此派對於共相的看法接近後世的唯名論。比較普遍的觀念有四：實體，性質，形態和關係。最高與最廣泛的觀念是有，因為任何東西，在某種方式之下，必然是有。最限定的觀念是個體。

第二節　物理學

斯多葛學派的物理學與神學有極密切的關係。他們藉赫拉克利圖斯和亞里斯多德的主張，形成一種唯物論及泛神論的綜合。他們把亞氏的四大原因歸為兩個原理：主動原理及被動原理，二者不可分，皆為物質原理。被動原理是沒有性質的實體，即元質；主動原理是理性，即是運用元質而使萬物發生的上帝。元質是完全消極的原理，由神的理性所限定而成形。神即是宇宙的內在原理，這種主張使斯多葛學派成為徹底的泛神論者。亞氏所肯定的上帝的超越性被否定了，上帝只能是事物的內在原因。

神即是火，不是人類用以焚燒東西的火，更好說是一種溫暖的精氣，使萬物生長，並加以保存。精氣也是物質的，該派亦稱之為種子理性（Logos spermatikos），包括萬物藉以發生的其他種子理性。

原始物質分化為各種原素時，便生世界。重者為地，輕者為氣，地與氣之間，有水有火。萬物藉此四種原素形成，氣與火是主動性的，地與水是被動性的。宇宙是有限的，環繞著它的是虛空。

宇宙的生命循環不息，每隔一段長久的時期，星球回到原來的位置，一切都將毀滅，然後重新開始同樣的宇宙秩序，過去發生的都將重演。同樣的蘇格拉底，同樣的柏拉圖，同樣的人，同樣的信仰，希望和幻覺，永遠循環不息。

這是宿命論的主張，有一個必然的法則在控制一切。存在與存在之間，過去與未來之間，有一個嚴格的秩序和必然性的連繫。一個事件接續另一個事件，就如效果接續原因。宇宙的秩序由神所安置，是絕對不能變換的，因此也是最完美的。該派學者不否定世界上有惡的存在，然而惡是為善而生。克利西布斯曾說：善惡互相支持，因為善惡對立，對立中沒有彼方，此方也不可能存在（論天道），沒有不義就不會有正義，沒有揮霍就沒有節制，沒有糊塗就沒有明智，沒有虛偽就沒有真理。

第三節　心理學

斯多葛學派的唯物論使之對於靈魂提出特有的看法。凡存在者，皆為物體，因為只有物體有主動力和被動力。靈魂是生於人體的精神。克利西布斯說：如果死亡是靈肉的分離，正好說明靈魂也是物質的，不然的話，將無所謂分合。個人的靈魂有死有壞，只有普遍的靈魂不死，那就是內在於一切的原因或神火。

靈魂的最高官能是理性，乃產生表象及判斷的能力；另外還有七個官能，五官、言語及生殖能力，皆由理性統轄。心是理性的中樞。

在此機械唯物論的觀點之下，該派亦曾努力試圖解救人的自由。克利西布斯分原因為基本的和伴隨的，前者有絕對的必然性，後者可以受我們支配。例如人擲球，使之滾動，並不給予球滾動的能力。客觀現實在認知主體內促起表象時，也是如此，並不必然地限制人的同意。在這種情況之下，人的意志和個性可以影響宇宙中事件的發生。

第四節　倫理學

芝諾認為人生的目的是自我的協調，也就是說依照唯一的理性去生活。克利安蒂斯對此加以補充，人不只要與自己協調，也要與自然協調。克利西布斯也強調生活與自然協調的重要。

何謂自然？克利安蒂斯認為是普遍的自然，克利西布斯則認為自然不只是普遍自然，也指人性。人性是普遍自然的一部分。

順乎自然而生活就是德行，這是該派一致的主張。德行是心靈內在的性向，藉此性向心靈恆常的與自己協調。每一個德行有自己特殊的範圍，智慧針對人的責任，節制針對衝動，勇敢克服困難，正義針對財富的分配。然而眾德必有共同的原理與目的，該派也主張「德不孤，必有鄰」；一個完人，必有眾德；任何一個完善的德行，必合於眾德。

德行與毛病之間，沒有中間路線。就如一塊木板，或直或曲；一個人也是或好或壞，好壞之間沒有妥協的餘地。誰有正直的理性，就是智者，他的所為，莫不是善；反之，誰沒有正直的理性，就是愚人，他的所為，皆是惡。反對理性即是瘋狂，世人如非智者，就是瘋漢。

只有德行是真善，幸福居之。德行之外，都是無所謂的東西，如生命，健康，快樂，能力，美麗，財富，光榮等，莫不如此。與上述諸事相反的，如死亡，疾病，痛苦等亦然，因為前者與後者皆對德行無害也無益。然而在那些無所謂的事物中，有些比較可取，如天才，藝術，生命，健康，名譽，財富等，因為這些東西多少有點價值；與此相反的則不可取。但是這些無論可取或不可取的東西，皆非真善，因為與德行無關。

善行是正直的行為，意志合乎理性時才會產生善行。此外尚有相宜的行為，雖與理性相合，卻來自衝動。例如孝順父母，友愛兄弟朋友，都是相宜的行為，因為雖與理性相合，卻來自情感。德行排斥衝動，克制情慾，實乃不動心 (Apatia)。情慾違反德行，是心靈不合理的衝動及病態，必須連根拔除。為拔除情慾，必須學習正確地分辨善惡。

在團體生活方面，該派傾向世界大同的理想。守法的人就是世界公民，因為他服從管理世界的普遍原則。追隨理性的人，形成一個團體，在其中唯一的權威和法律就是理性。面對這一個普遍的城市，由智者所組成的城市，個別的國家組織將失去其重要性。

第十八章 伊必鳩魯學派

西元前三百四十一年，伊必鳩魯 (Epicurus) 生於撒毛斯 (Samos)。十四歲即開始習哲學，先從柏拉圖派學者潘非魯斯 (Pamphilus) 學，後從德謨克利都斯派學者諾西法內斯 (Nausiphanes) 學。十八歲到雅典，二十二歲即開始設學授徒，逝於二百七十年前後。

伊氏在自己的花園內教學，因此人皆稱其信徒為花園哲學家。伊氏甚受弟子崇拜，他的學校也是一座極富宗教色彩的團體，伊氏亦被視為神明。

伊氏著作極多，約三百種。然而只有三封書信藉狄奧基尼斯 (Diogenes Laertius) 的保存，得以留傳後世。第一封是寫給海羅多都斯 (Herodotus) 的，談論物理問題；第二封是寫給邁諾西物斯 (Moenoceus) 的，談論道德問題；第三封是寫給皮都克利斯 (Pythocles) 的，可能出自弟子之手，談論氣象問題。此外狄奧基尼斯也保存了一些伊氏的斷簡。

伊氏最著名的弟子是買特羅都魯斯 (Metrodorus)，善爭論。伊氏弟子中也有些婦女界人士。伊氏要求其信徒嚴守他的教訓，而該派弟子至西元後第四世紀也確能信守不渝。

該派較著名作家是盧克來奇物斯 (Lucretius Carus)，生於西元前九十六年，逝於五十五年。著《萬物本性論》，極富文學價值，也忠實地傳述了伊必鳩魯學派的思想。全書共分六卷，在第一、二兩卷中，討論形上原理，物質，空間等問題；在第三、四兩卷中，討論人的問題；在第五、六兩卷中，討論宇宙，物理現象等問題。該書由西賽羅出版，並曾加以整編。盧氏認為伊必鳩魯將人類自死亡與超本性的恐懼中拯救出來，建立真正的智慧，其偉大可與神並駕齊驅。

第一節　理則學

伊氏認為哲學是到達幸福的途徑，幸福是由情慾中獲得解脫。哲學的價值在於能成為獲致幸福的工具，目的是幸福。人能藉哲學解除不安與煩惱，也可不受那些虛妄而不合理的意見的困擾。我們研究自然世界的目的也是一樣。哲學的益處可以歸納為四點：1. 將人自對於神的畏懼中解救出來，因為哲學足以證明神不食人間煙火，也不管人間的事。2. 自死亡的畏懼中解救人，因為哲學能證明死亡不值得關心。伊氏說：「我們存在時，就沒有死亡；死亡來臨時，我們就不存在了。」(*Letter to Men.*, 124) 3. 哲學可以指出獲致快樂並非難事。4. 哲學能證明痛苦的短暫。由此可以看到該派重實踐的精神，理論的探討完全以實踐的目標為歸依，而實際的目的是在理論之外有其獨立價值的。不是像過去所主張的，實踐目的由理論探討所決定，而是理論探討只能作為實踐目的的工具。

伊氏分哲學為三部分：理則學，物理學和倫理學。理則學與物理學之間的關係非常密切。伊氏稱理則學為正典學 (Canonic)，因為理則學的目的在於供給我們認識真理的標準，給人走出指向幸福的法則。真理的標準由感覺、觀念及情緒構成。

該派採納德謨克利都斯的學說，主張原子離開事物的表面時，投射到人體，首先產生想像，與發生投射的事物類似。想像生感覺，感覺生幻想的表象，表象由兩個不同的想像合併而成，例如美人魚的表象來自美人與魚的兩個想像的連合。感覺由於重覆，得以在回憶中保留而生觀念。

感覺常是真實無妄的，乃真理的基本的標準。觀念來自感覺，同為真理的標準。真理的第三個標準是情緒，乃快樂或痛苦的感受，是實際行動的準則，因而超出了理則學的範圍。

感覺和觀念都不能產生錯誤，只有意見可以產生錯誤。意見由感官獲得證據時才是真的，否則便是假的。推理可及於感覺不到的事物，但是推理的基本規則是盡量與可知覺的現象相合。

第二節 物理學

物理學的目的在於排除任何超自然的原因，從神祕的力量中把人解救出來。伊氏追尋一種純粹機械式的物理學，由於德謨克利都斯的原子論正符合他的需要，遂將德氏的理論視為己有，很少加以變更。

在無限的虛空內，有無限的，不可分的原子在運動，互相衝擊。原子的形式不同，其數不能限定，但並非無限。原子的運動毫無秩序，該派堅決地反對斯多葛學派肯定理性秩序的主張，原子依盲目的必然性而運動。宇宙間的一切變故，無不順應這種必然性。

原子以直線方式浮沉於虛空內，偶然會出軌，因而能相互衝撞。出軌現象是唯一超必然性的自然事件。在此機械式的宇宙中，伊氏並不否認神的存在，人能想像神，故此神理當存在。此種想像來自神性原子的投射。神有人形，比人完全，居住於星球之間的空間裡，不食人間煙火，對人也沒有興趣。為人間事煩惱是相反神的幸福生活的事。神自由自在，智者敬神，不是為了畏懼，而是由於欣賞神的高貴。

靈魂由物質的分子形成，分佈於人的整個形體。組成靈魂的分子比較精細和圓渾，因而更善於運動。靈魂有三種基本的官能：感覺、想像和理性，都是理論方面的官能；情緒可以視為第四個官能，乃實際行動的準則。靈魂的非理性部分是生命的原理，也分佈於人的整個形體。靈魂的原子因死而分散，感覺完全停止，死即是感覺作用的缺少。

第三節 倫理學

該派的倫理學接近西樂乃學派，主張幸福在於快樂，掌握快樂，逃避痛苦，是我們選擇一件事物的標準。但是快樂有兩種，一是靜態的，在於痛苦的缺乏；一是動態的，在於獲得快樂。幸福只在於靜態的快樂，即痛苦與不安的消除。伊氏曾說：快樂的顛峰純屬痛苦的消除。

為導致靜態的快樂，對於各種需要必須加以選擇和限制。伊氏分需要為自然的和無益的兩種，在自然的需要中，有些是必要的，有些則是不必要的。在必要的需要中，有些是針對幸福，有些針對身體的健康，有些針對生命本身。只有那些自然而必要的需要應予滿足，其他的都該排斥。

該派並不主張沉迷於追逐快樂，而肯定對於快樂應該加以正確的衡量。如果一個快樂會給人招致更大的痛苦，就應加以拒絕；反之，一個痛苦如果能帶給人更大的快樂，就該加以承擔。為衡量快樂，為選擇和限制需要，為排除痛苦和不安，智慧最為重要，比哲學還重要，並且是其他所有德行的基礎 (*Letter to Men.*, 132)。

伊氏強調一切快樂的感覺特性（斷簡六七），此種肯定與他的理則學完全吻合，因為感覺是人生的基本準則。然而真善不是激烈的快樂，而是痛苦和不安的消除。痛苦與不安的消除與快樂的感受並不衝突，因為痛苦乃指形體的痛苦，不安乃指心靈為顧慮形體的需要而引起的不安。

伊氏雖然強調快樂的感覺特性，並不贊成通俗的快樂主義。他強調友誼和智慧的重要，就是很好的說明。談到人與人之間的關係，該派主張：「施惠不只比受惠更好，也比受惠更令人快樂。」（斷簡五四四）可見快樂也是人與人之間團結合作的基礎。

伊氏承認政治的益處，認為人應該守法，以免互相傷害；但是他勸智者不干預政治，因為智者的信條是：「隱藏自己。」（斷簡五五一），而政治野心正是不安的根源。

第十九章　懷疑學派

懷疑論 (Scepticism) 一辭源自 Skepsis，是探討的意思。懷疑派學者就如當時流行的學派一樣，主張幸福在於痛苦的排除，所不同的是斯多葛學派和伊必鳩魯學派皆以限定的理論來說明幸福的條件，懷疑派則否定任何限定理論的價值，認為任何理論或實踐態度都是虛偽的。要想獲得心神的平靜，必須拒絕一切學說。「探討」則是到達心安理得的途徑。

顯然懷疑學派的探討與柏拉圖的探討完全不同，懷疑派的「探討」指出了希臘哲學的一大沒落。探討既然以排斥一切理論為目標，該派學者莫不熱衷於論戰，旨在反駁對方的觀點，卻從來不作自我的反省，檢討一下自我的觀點是否可靠。如果說該派在思想史上也有積極作用的話，那將是反激作用，驅使其他學派對於懷疑學派的理論加以真正的探討。

第一節　皮　婁

皮婁 (Pyrrho of Elis) 生於西元前三百六十年，逝於二百七十年。曾參加亞歷山大的東征行動，後在故鄉設立學校，在皮氏逝世後不久即告終結。皮氏一生貧苦，無著作流傳，我們藉狄奧基尼斯 (Diogenes Laertius) 的著作才能對其思想略知梗概。

皮氏借用詭辯學派的說法，分善為本性之善與慣例之善兩種，目的在肯定所謂真假，美醜和好壞沒有本質的分別，一切皆由習俗或慣例所形成。人無法認識事物的本質，因此最好的態度就是存疑，對於事物的真假或善惡等不加判斷。理性的存疑招致對任何事物皆無所偏愛的實際態度，因而可以避免外在的騷擾與心靈的不安 (Diog. Laertius, IX, 62)。

第二節　中期學苑

皮斐的學校壽命很短，然而柏拉圖的學苑卻拾起了懷疑派的路線。其實在柏氏的思想中已經暗藏著懷疑論的火花，他強調對於感覺世界不能形成真知，只能形成蓋然性的意見。這一時期的學者都對於「有」的形上世界沒有興趣，而把哲學看作完成實際目的的工具。學苑在時代風氣的影響之下，遂趨向於發展柏氏思想中的消極因素。

這種趨勢的創始人是阿爾賽西老斯 (Arcesilaus)，生於西元前三百一十五年前後，逝於二百四十一年前後，無著作。根據西賽羅的記述 (*De Orat.*, III, 18, 67)，阿氏從不表示個人的主張，只限於討論別人的意見。他想追溯蘇格拉底，卻失之於過激。蘇氏主張人除了瞭解自己一無所知外，別無所知。阿氏卻認為人連這一點也無法確知。每一個主張都有相反的主張，因此任何事都無法確定，那麼只有不加判斷。至於行動呢？不必由認識來指導，只要有一個站得住的動機就可以行動。

第三節　新學苑

新學苑或稱第三學苑，由加爾尼阿德斯 (Carneades) 所創。加氏生於西元前二百一十三年前後，逝於一百二十九年前後。以學識及口才著稱，一百五十五年前後曾偕斯多葛學派的狄奧基尼斯出使羅馬。無著作，其學說由本門弟子收集而留傳。

加氏的理論與斯多葛學派的克利西布斯對立，他曾說：「如果沒有克利西布斯，也不會有我。」(*Diog. Laert.*, IV, 62)。他肯定知識的不可能，沒有一個肯定是毫不可疑的。出使羅馬時，有一天以正義為題發表演說，指出正義是公民生活的基礎，對之倍加稱揚。另外一天演講時，卻強調隨時代與民族之不同，正義也可改變，且往往與智慧發生衝突。並且舉羅馬人為例，謂羅馬人征服世界，建立帝國，搶奪其他民族的財產，如欲執行正義，自當歸還所掠奪的東西。但是如果羅馬人真這樣做，放棄戰利品，空手而歸，豈不成了傻瓜？可見正義與智慧不合 (*Lactantius.* Ist. Div., 5, 14)。

加氏認為斯多葛學派所肯定的真理標準——觀念表象是虛偽的，對於世界的普遍理性——神所做的種種推論也是虛偽的。但是他不像阿爾賽西老斯主張人根本不能肯定任何事，而認為有一種真理的標準是可能的。這個真理的標準不是客觀的，是主觀的，實際只能是可信性的標準。如果不能確定一個表象是不是真實的或是不是與客界的事物相合，至少可以說那一個表象由認識主體看來是真的，此即所謂蓋然的表象。如果一個蓋然的表象不為其他同類的表象所反對，其蓋然性更大，例如醫生憑各種不相衝突的跡象給病人診斷時，蓋然性就大得多了。如果上述表象，再從每一個角度加以檢討，仍無矛盾，其蓋然性就最大了。

第四節　最後的懷疑論學者

新學苑放棄了懷疑派的路線之後，又有其他學者重新拾起懷疑論，直接追溯皮婁的理路。其中較著名的首推埃尼西德木斯 (Aenesidemus of Knossos)，西元前四十三年前後在亞歷山大城授學著述。曾著《皮婁演說集》八冊，皆遺失。根據賽克斯都斯的記載，埃氏曾列十論，以強調懷疑派的觀點（*Sextus Emp., pArr. Hyp.*, 1, 36ff.）：

1. 由於動物之間的不同，無法把我們的表象與動物的表象拿來比較而加以判斷，因為那些表象來自不同的形體結構。
2. 個人之間的不同也產生同樣的情形。
3. 不同的感官有不同的感覺作用，例如有的水果，嗅覺以為難聞，吃起來卻很甜美。
4. 不同的狀態產生不同的感受，例如青年人喜歡動，老年人喜歡靜。
5. 位置，距離，角度的不同，都能產生不同的現象，例如插入水中的筷子顯得彎曲，方形的建築從遠距離看也呈圓形。
6. 知覺對象並不直接地呈現在感官之前，而是透過中間物，例如空氣。草地在不同的陽光下可以呈現不同的顏色。
7. 由於量的不同而產生知覺的不同，例如一滴水落在手上和一盆水倒在手上的感受不同。
8. 事物之間的關係與事物和認知主體之間的關係不同。
9. 認知主體與客界事物之間接觸的多少會造成不同的印象。

10. 生活方式，教育，習慣，法律，道德觀念，宗教信仰，思想體系等不同，會造成判斷的不同。

又有學者阿各利巴 (Agrippa) 將埃氏的十論歸納為五論：

1. 對於相同的事物，可以有不同的看法。
2. 對於事物提出的證明，仍需證明，如此類推，永無止境。
3. 認知主體與客界事物間的關係使人無法判斷，因為我們認知的常是與我們有關係的事物，而非事物本身。
4. 在假設中我們看到每一個證明都是建立在無法證明的原則上，而這些原則的肯定乃慣例所使然。
5. 在惡性循環中，把應該證明的看作已經證明過的真理，由此可見證明的不可能。

賽克斯都斯告訴我們，其他的懷疑論者又將阿各利巴的五論歸納為二論：

1. 任何事物就其自身無法確知，因為眾論紛紜，更無法確定其真假而加以選擇。
2. 任何事物也無法藉其他事物而被確知，因為這樣勢必引起惡性循環。

第五節　賽克斯都斯

我們對古代懷疑派思想的認識，都是根據賽氏的記述。賽氏是一個著名的醫生，西元後一百八十年至二百一十年間是其最活躍的時期。著有《皮婁的思想路線》，是一本懷疑派哲學的綱要。還有《反數學家》，數學一直被看作是有客觀意義的知識，此書的目的即在於反對所謂客觀的知識。

賽氏反對三段論法，認為這種推理方式避免不了惡性循環。當我們指出：「每一個人都是動物，蘇格拉底是人，因此蘇格拉底是動物」時，如果不把結論——蘇格拉底既然是人，也是動物——看作已經證實的真理，將無法肯定大前提——每一個人都是動物。可見三段論法企圖藉普遍原理以指出結論時，其實已經假定結論早就證實了。

他又批評因果觀念說：都認為原因產生效果，那麼原因應該先效果而存在；但是如果原因在產生效果之前，就已存在，那麼在成為原因之前，已經就是原因。再者原因顯然不能追隨效果，也不能與效果同時存在，因為效果只能由先存之物產生。可見因果關係根本不能成立。

賽氏極力反對斯多葛學派的神學。依該派之說，凡存在之物，皆有形體，因此神也有形體。形體或是合成物，因此可以分解，所以是有死的；或是單純的，那麼就是水或氣或土或火。由此必須肯定神或是有死的，或是沒有生命的原素，顯然荒謬之至。再者如果神存在，將有知覺，如有知覺，則將承受快樂和痛苦；痛苦產生不安，如果神也有不安，一定是有死的。再者如果神有一切的德行，也應該有勇敢的德行；然而針對可怕的事物才有所謂勇敢，如果神有勇敢，就是說神也有可怕的事物，豈不荒謬？賽氏藉此種種論證指出我們對神不能加以判斷。

在實際生活中，懷疑論者應就現象的外表而論事，其基本規則有四：1.自然藉感官所給予我們的指示；2.身體的需要；3.法律的風俗的傳統；4.藝術的規則。由這些規則也可以看到皮斐派懷疑論者與學苑派懷疑論者的不同。學苑派懷疑論者肯定我們所知道的就是一無所知，皮斐派卻連這種肯定都加以避免，而將自己完全拘限於「探討」，為探討而探討，沒有起點，也沒有終點。

第二十章 綜合學派

斯多葛學派，伊必鳩魯學派和懷疑學派，雖然在理論上意見紛歧，在實際的結論上卻大致相同。三派皆肯定人生的目標在於追求幸福，幸福的本質在於排除情慾和不安。這種實際態度的一致，自然會促使各派之間的接近，甚至互相混合，綜合學派遂應運而生。

當時的歷史環境或客觀條件亦有利於這種趨勢，羅馬人於西元前一百六十八年征服馬其頓之後，希臘變成羅馬帝國的一個省份，羅馬也開始大量吸收希臘文化與哲學。羅馬人不大重視各學派之間的紛歧點，卻更喜歡吸收那些相同的觀點。然而吸收相同的觀點必須有標準，對於基本真理的普遍同意，遂成為上項要求的標準，因為有些真理深植於人性，先於任何探討而存在。

第一節　綜合的斯多葛學派

該派主要人物是巴耐奇物斯 (Panaetius of Rhodes)，生於西元前一百八十五年，逝於一百〇九年，曾到過羅馬，有不少貴族朋友，當時在思想界頗有影響力。曾著《責任論》，後來成為西賽羅所著《責任論》的張本。巴氏非常欽佩亞里斯多德，在許多理論上皆追隨亞氏。例如肯定魂有三級——生魂，覺魂和靈魂，靈魂與生魂、覺魂截然不同。

巴氏的著名弟子是包賽道尼物斯（Posedonius），西元前一百三十五年生於敘利亞，逝於五百〇一年。西賽羅曾聽過他的課。曾著書二十三種，只有一些斷簡留傳。包氏吸收很多柏拉圖的觀點，例如靈魂的先在與不死。

第二節　綜合的柏拉圖主義

此派創始人為安弟約古斯（Antiochus of Ascalon），逝於西元前六十八年，是西賽羅的老師。安氏肯定如果沒有絕對的確性，不可能建立蓋然性的等級，因為只有在真理的基礎上，才能對蓋然性加以判斷。真理的標準是「一切真正哲學家的同意」，他努力在學苑派，逍遙派以及斯多葛學派的主張中尋求上項同意，結果卻是使許多主張都走了樣。

古羅馬的大文學家西賽羅（M. Tullius Cicero）生於西元前一百〇六年，逝於四十三年，其最卓越的成就是拉丁文學，在哲學方面沒有個人的特殊見地，他的長處在於以清晰的文筆闡述前人的思想。他的《國家論》和《論法律》源出巴耐奇物斯和安弟約古斯;他的《目的論》源出安弟約古斯,斯多葛學派的芝諾;他的《論眾神的本性》源出斯多葛主義與伊必鳩魯主義;他的《責任論》源出巴耐奇物斯。

西氏也主張真理的標準在於諸哲學家的同意,此同意的可能建立在人人皆有的先天概念上,這些先天概念近似斯多葛學派的普遍概念。對於物理問題持懷疑態度,但是不贊成伊必鳩魯學派的偶然論。在倫理學方面,肯定德行本身的價值,其思想徘徊於斯多葛學派和學苑——逍遙派之間。西氏肯定上帝的存在,靈魂的不死,但是躲避探討與這些肯定有關的形上問題。

第三節　綜合的亞里斯多德主義

安德魯尼古斯 (Andronicus of Rhodes) 於西元前七十到六十年代之間,為雅典逍遙派領袖人物,由於重新編印亞氏著作而著名。同時他也開始註釋亞氏的著作,開該派註釋亞氏著作的先河。他的主要興趣在理則學。

加蘭 (Galen) 生於西元後一百二十九年,逝於一百九十九年,為古代醫學的著名權威。

在四原因之外，提出第五個，即工具原因。亞氏曾將工具因歸納於成因。

亞歷山大 (Alexander of Aphrod) 在西元後一百九十八年到二百一十一年間教學於雅典，乃亞氏著作的名註釋家，只有部分著作流傳後世。他註釋亞氏著作的目的在於保護亞氏的學說，反駁其他學派的論調，尤其是斯多葛學派的論調。

他對主動知性的註解對於中世紀思想家影響很大，知性有三：1. 物質知性，即潛能知性，就如一個人有理解藝術的潛能，但是尚未實現。2. 完成知性，乃思想能力，就如一個藝術家已經有成熟的完成藝術作品的能力。3. 主動知性，推動並完成由潛能知性到完成知性的過程。此知性不屬於人的靈魂，乃第一原因——上帝。

第四節　賽尼加 (Seneca)

賽尼加生於西元初年，西班牙人。曾有很久一段時期做暴君尼祿的老師和顧問，六十五年死於尼祿之手。著有《論自然問題》，共七卷，還有許多有關宗教和倫理的作品，如《對話錄》、《天驚論》、《論智者的恆心》、《憤怒論》、《論安慰》、《論幸福的生活》、《論人生的短暫》、《論惻隱》等。此外尚有二十卷《致盧奇里物斯 (Lucilius) 之書信》。

賽氏強調哲學的實踐性：「哲學教我們做，而不是教我們說。」(*Letter* 20, 2)，智者是人類的教育者 (*Letter* 89, 13)。在此原則之下，他不重視理則學；研究物理學也是從宗教和倫理學的觀點去研究。實際上對於自然現象的無知是導致人類恐懼的主要原因，物理學正足以助人排除這種恐懼。宇宙和神性的偉大使我們了解自己的微小。在某種意義之下，物理學高於倫理學，因為倫理只以人為對象，而物理學所探討的宇宙卻能啟示我們神的存在 (*Quest. Nat.*, I Prol.)。

他的自然哲學和形上學不出斯多葛學派的基本論調，但是有關靈魂之說，卻追隨柏拉圖的主張。將人靈分為理性的及非理性的兩部分；又將第二部分分為野心的部分，由人的熱情可見；謙卑的部分，使人傾向於快樂。這種說法接近柏拉圖將靈魂分為理性的，反動的及情慾的三部分的說法。對於靈肉的關係也追隨柏氏的道理，形體是靈魂的監牢或墳墓，死亡是靈魂永生的日子 (*Letter* 102, 26)。

人徘徊於善惡之間，在實際生活與應有的完善之間永遠會有一段距離，因此對於別人的缺點應該抱寬大的態度。他的基本原則很近似我們的「四海之內皆兄弟」的精神。他說：「你們看到的，包括天上人間，實為一體；我們都是屬於一體的份子。自然生人，使我們同出一源，同歸一樣的目的，使我們結為親屬。自然促使我們相愛，度社會生活。」

(*Letter* 31, 11)。

第五節　埃皮克提都斯

埃氏 (Epictetus of Hierapolis) 生於西元後五十年，先為奴隸，獲得自由後，仍然住在羅馬，直到九十年前後，道米謙 (Domitian) 皇帝放逐哲學家，埃氏也被迫離開羅馬。在尼古包立斯 (Nicopolis) 建立學校，其講義由弟子弗拉威物斯 (Flavius Arrianus) 編成八冊《論文集》，其中有四冊留傳後世。此外尚有一本《手冊》，由弗氏編印，是一種簡要的倫理課本。

埃氏的理想是追蹤斯多葛學派的原始主張，尤其心儀克利西布斯 (Chrysippus)。但是他的學說與賽尼加的學說在精神上完全一致，即富有宗教精神。上帝是人類之父 (*Disc.*, I, 3, 1)，居於人心，因此人永不孤獨 (*Disc.*, I, 14, 13)。生命是上帝的恩惠，人應該遵守上帝的律則。這些都非常接近天主教的主張，使人懷疑他是一位天主教徒，就如有人猜想賽尼加與聖保祿曾經相識。

德行即是自由，人為獲得自由必須不受外在事物的束縛而獨立，不為名利所動，因為這些東西我們不能自由掌握。反之，我們能自由掌握的東西是精神活動，如主張，情緒，願望，討厭等，對於這些精神活動我們能改善、管制、運用我們的自由。

第六節　馬爾谷斯

馬氏 (Marcus Aurelius) 在西元後一百二十一年生於一個貴族家庭，成為安多尼諾斯 (Antoninus) 皇帝的繼子，一百六十一年繼位，一百八十年戰死，為歷史上僅有的皇帝思想家。有十二卷《回憶錄》留傳後世。

馬氏在許多觀點上脫離了斯多葛學派的傳統，尤其是對於靈魂的觀念，完全超越了斯多葛學派的唯物論。人是由三個原理組成的，一是形體，一是物質靈魂，乃形體的發動原理，一是知性。就像人體的原素皆與宇宙的原素相應，人的知性也是宇宙知性的一部分。心理作用與知覺屬於形體，衝動屬於靈魂，理解屬於知性。

馬氏也強調哲學與宗教情緒之間的密切關係，不只肯定上天的秩序，上天對於宇宙人類的關心，而且肯定人是神的親屬，自當彼此相愛。「人應該愛人，包括傷害他的人。要常常記得，人人都是親屬，人犯罪由於無知，而非明知故犯，死亡威脅一切的人，特別要記住，沒有人能傷害你，因為沒有人能傷害你的理性。」(*Med.*, VII, 22)。馬氏也主張形體是人的監牢與墳墓，人的靈魂藉死亡才能獲得解脫。

第二十一章 新柏拉圖主義的先驅

自希臘化時期開始，直到羅馬時期的各綜合學派，思想家一致強調哲學探討的實踐目的，哲學應該為人生服務。過於強調實踐的獨立價值，自然會削弱哲學探討的意義和作用。在希臘哲學的古典時期，哲學的理論探討特別受到重視，在此探討中哲學家肯定人格的價值及其圓滿實現。一旦將哲學探討歸屬於一個既定的目標，此目標的價值就無法由探討本身去證實，去確定。因而有的學者自然而然地就去尋求一個超越的宗教傳統，作為實踐目標的價值的根源，而理論探討亦將歸屬於這個宗教傳統。哲學探討的宗教性到羅馬時期日益顯著，首先由綜合學派拾取希臘文化中的宗教因素而加以連貫，然後又有其他與東方宗教有關的學者，極力將希臘思想援引到東方宗教裡去，最後才有新柏拉圖主義的產生，也是希臘化時期以來實踐趨勢發展的顛峰。

第一節　新畢達哥拉學派

西元前第一世紀中，出現了一些畢達哥拉斯或該派學者的偽作品，只有少數斷簡留傳後世。這些作品皆強調神與世界的分離，因此需要低級神的存在，作為天人之間的橋梁。西元後第一世紀又有其他此類作品，企圖將希臘哲學援引到埃及的宗教裡去，並且為了保衛東方宗教而反對天主教。

亞包羅尼物斯 (Apolonius of Tyana) 在西元後第一世紀末，以傳奇的筆法寫《畢達哥拉斯傳》。亞氏周遊羅馬帝國，以先知和術士自居。在《論祭祀》一書中，指出至上神與其他神祇的不同。

阿拉伯的尼哥馬古斯 (Nicomachus of Gerasa) 在西元後一百四十年前後著《數學緒論》和《音樂手冊》二書。肯定數字在世界創造之前，已經存在於造物主的精神內，是一切事物的元型。創造的原理有二：一是一元性，即理性或神性；一是二元性，即物質。

敘利亞的努買尼物斯 (Numenius of Apamea) 是西元後第二世紀後半期的人，其學說混合了畢達哥拉斯主義和柏拉圖主義的各種因素。他認為希臘哲學源出於東方的智慧；柏拉圖是雅典化的摩西。著有《柏拉圖論奧蹟》、《善論》、《論學苑派與柏拉圖的分裂》，只有一些斷簡留傳。他分神性為三種：一是純粹知性，是現實的原理及宇宙之王；二是設計神，用物質形成世界，是生化的原理；三是世界。人有兩種靈魂，理性的和非理性的。靈魂進入形體是惡而不是善。沒有形體的現實是世界的善魂，有形體的變化是世界的惡魂。

第二節 中期的柏拉圖主義

西元後第一世紀，柏拉圖學派亦繼安弟約古斯 (Antiochus of Ascalon) 的路線，廣泛地吸收各家之說。其中最著名的是普魯大爾古斯 (Plutarchus)，生於四十五年，六十六年到雅典，展開學術活動。留傳下的著作極多，或是註釋柏拉圖的作品，或是與斯多葛學派及伊必鳩魯學派論戰的作品，或是有關物理學，心理學，倫理學，宗教和教育方面的作品。

宇宙不可能源自一個原因，如果上帝是宇宙的唯一原因，惡就無從產生。因此必須肯定在上帝之外，還有另外一個原因，是惡的原因，就如上帝是善的原因。此即物質，乃不限定的力量，上帝造世時曾予以抑制，但是仍然留在世界上，成為惡與不完善的來源。上帝是純善，絕對超越世界，藉中介神而與世界連繫。對於靈魂的區分，普氏接受柏氏的主張，分靈魂為理性的，反動的和情慾的三部分（《道德論》，三）。在倫理學方面，追隨亞里斯多德。人間有些東西與我們沒有必要的關係，如天，地，海，星辰皆是；另外一些事物與我們有必要的關係，如善，惡，快樂，痛苦皆是。前者為理論理性所探討的對象，後者為實踐理性所探討的對象。理論理性的特有德行是知識，實踐理性的特有德行是智慧。實踐理性的任務是節制靈魂非理性部分的衝動，在過與不及之間尋求中庸之道。

普氏的思想雖然沒有古典希臘哲學的深度，他的著作卻對於希臘思想的流傳和散佈有很大的作用。

第三節　希臘——猶太哲學

西元前後東西方文化互相接近，促使希臘哲學與東方的宗教傳統共融。所謂東方是指的埃及，猶太，阿拉伯等地方。埃及的亞歷山大城逐漸成為發展上述趨勢的中心。

西元後第一世紀在巴勒斯坦流行的埃賽尼派 (Essenes) 顯然與新畢達哥拉學派非常接近。此派由許多團體組成，生活嚴謹，重視苦修。他們相信靈魂的預先存在，永生，預言，中介神的存在，這些因素在畢達哥拉主義和中期柏拉圖主義中都可找到。

費婁 (Philo of Alexandria) 生於西元前三十至二十年間，猶太人，西元後四十年代表亞歷山大城的猶太人出使羅馬。著作甚多，其中最重要的是他對《舊約》所做的寓意式的註解。

費氏一方面非常尊重聖經，尤其推崇摩西，認為摩西曾直接獲得了上帝的啟示；另一方面又非常重視希臘哲學，認為希臘哲學家所論述的真理就是聖經內所包括的真理。因此致力於希臘哲學與《舊約》的共融。

費氏思想的主要觀點有三：1. 上帝的絕對超越性；2. 聖言 (Logos) 處於上帝及人類之間；3. 人生的目的是天人合一。

人只能認知上帝的存在，而無法理解上帝的本性。上帝超越善與一，只能以「有」稱之。舊約稱上帝為耶和華，即自有的有。上帝有兩種基本的德能，一是善心，一是能力。在此二者之間，尚有聖言，乃上帝最完全的形像。

上帝藉聖言而造世界。上帝在造世之前，先造模型，無形無像，相似自己，即是聖言；然後藉聖言以造世界，同時也藉預先置備的物質。物質是不限定的，沒有形式，也沒有性質，上帝加以限定，賦予形式和性質，自紊亂中使秩序產生。世界的不完善來自物質。聖言是理型之源，上帝藉理型形成物質的東西。可見理型 (Idea) 在費斐的觀念中是充滿動力的，能形成萬物。

人的責任是接近上主，歸向上主。為實現這一個崇高的目標，人必須自感性和形體的枷鎖中解救自己，甚至自理性解救自己，依恃上天的恩惠。只有上天的恩惠能使人超升而享見上帝。人只能在神魂超拔時才得享見上帝，這是一種神祕的境地，是一種超自然的狀態，無法用人間的語言加以描述。

第二十二章 新柏拉圖主義

新柏拉圖主義 (Neo-platonism) 是柏拉圖主義在古代西方世界最後的表現，它將西元前後東西方思想融合的趨勢系統化，使畢達哥拉主義的，亞里斯多德主義的種種因素溶合到柏拉圖主義中，形成一個新而廣泛的綜合。這個新的綜合對於初期及中世紀的天主教思想影響甚鉅，甚至對於近代思想的影響仍不容忽視。

此派的創始人是普羅蒂諾斯 (Plotinus)，西元二百〇四年前後生於埃及，初在亞歷山大城就不同的教授處聽講，皆不滿意，後來拜亞莫尼物斯 (Ammonius Saccas) 為師，才得其所，時年二十八。二百四十二年參加葛爾蒂安 (Gordian) 皇帝的遠征軍，遠至波斯，希望認識波斯人和印度人的哲學。四十歲時到羅馬，建立學校，許多貴族皆前來聽講，也受到皇帝加利哀諾斯 (Galienus) 與皇后的器重。普氏曾計畫建立一座柏拉圖城 (Platonopolis)，起初得到了皇帝的同意，後來由於皇帝打消了支持而告吹。普氏的學校不只是探討哲學的中心，在促進道德精神方面也非常努力。研究員大多是對於靡亂的世風感到厭煩，渴望心靈的純潔，生活的寧靜。他們不只對於探討宇宙有興趣，更重視內心的自由。六十歲前後，收包爾斐里 (Porphyry) 為弟子。普氏於二百七十年前後逝世，包爾斐里將乃師的著作編印為六冊，每冊又分為九章，因而取名《九章集》(*Enneades*)。

包氏生於二百三十二年前後，逝於第四世紀初期，也留下了不少著作，較重要的有《普羅蒂諾斯傳》、《畢達哥拉斯傳》、《亞里斯多德範疇緒論》。

第一節　上帝的超越性

普氏特別強調上帝的超越性，上帝是「至一」，超越一切。至一不只是現實的絕對綜合，也是生命的形上基礎。一並不排斥多，多不是一，但是可以啟示一，沒有多，一無從表現。上帝是「有」，但是超越任何個別形式，因此無法藉個別的方式加以講解。他說：「上帝沒有形式，即使是可理解的形式也沒有；由於至一雖生萬物，卻不屬於萬物。他沒有任何限定，不是質，不是量，不是知性，不是靈魂，不是動，也不是不動，沒有空間，也不是時間，但是與自己同一，沒有形式，在任何形式、動靜之前存在。」(*Enn.*, IV 9, 3)嚴格地講，連稱上帝為至一都有問題，因為對於上帝無可講述，無可認知，他超越所有的有和本質。既然不得不以名稱稱之，稱之以至一或至善比較合適，只要認定至一或至善與上帝自身完全沒有分別就可以。對於上帝難道什麼都不能講述嗎?我們只能講其所不是,而不能講述其所是,因此我們對於上帝的講述只能通過低級事物的類比(Analogy)。

至一是精神和生命的來源,卻超越精神和生命,我們無法理解,卻能向他祈求,祈求他的救援。只有神祕經驗可以使我們確知上帝的真實存在。

第二節　流生說

在柏拉圖的思想中,至善、理型、靈魂、物質都是基本的形上觀念,不過柏氏過於傾向分析性的說明,難以指出這些觀念之間的貫通關係。柏氏挽救了現實間的區分,卻挽救不了現實間的連續性。普氏提出「流生」(Emanation)之說以試圖解除柏氏思想的困難。流生不是創造,是一種超越時間的,理想的發生過程,就像光線四散而包圍光體,熱力四散而包圍熱體,芬芳的物體散播香氣(*Enn.*, V, 1, 6)。流生是必要的,自然的,永遠的,由高到低,由一到多,最後分散於時空的境界。至一流生知性(Nous),知性是至一最接近的形像。知性已經包括了主體與客界的多樣性。知性類似費婁所講的聖言,乃理型的居處,在柏氏思想中則相等於設計神。

知性流生宇宙魂，是知性的活動。普遍靈魂一方面傾向知性，一方面又傾向物質。普遍靈魂生感覺世界。感覺世界有兩個原理，一是普遍靈魂，一是物質，此乃不完善，惡和殊多的原理。物質是現實性與善的缺乏。上帝與物質正是現實的兩極。物質是光明的止處，是非有，是惡。

高級現實包括低級現實，光照低級現實。精神內在於一，靈魂內在於精神，物質內在於心靈，至一只內在於自己。

普遍靈魂包括殊多的個別靈魂，是個人生命的原理。個人生命包括協調與不協調。流生的終點是物質，是否定，是純粹潛能，是殊多的基礎，在精神的理型內得以限定，在宇宙魂的個別生命中得以限定，在自然界的殊多物體內得以限定。

物質是惡，但不是與善對立之惡，是秩序和規律的缺乏，是思想的貧弱，是意志的低沉。

第三節　歸返上帝

靈魂有認知能力及生物能力，前者來自精神，靈魂的理型預先即存在於精神，其個體性也是實在的。靈魂通過生物能力而趨向於外在的感覺世界。靈魂下嫁形體，不是由於有罪或無知，而是至一的流生活動的必然結果。可見靈肉的結合並非由於任何非理性作用所促成的，靈魂的下凡是不可避免的命運。然而靈魂仍可返回更高的境界，歸返上帝是心靈的自由活動，需要全心全力去追尋和實踐。

沉醉在情慾中的本能生活，非常容易；相反，趨向於至善的生活，非常艱苦，需要堅固的意志及恆心。人在本能的需要和精神的自由間，在無知與清醒間飄搖不安。沉淪於虛偽和短暫事物中的靈魂，在現象中動盪不定，現象產生苦悶、畏懼、痛苦和快樂。心靈在衝突不安中，感到歸返至一的需要。歸返上帝的途徑有三：1. 通過音樂，人應該超越感性的聲調，藉其節奏和規律到達理解性的和諧，亦即美的境界；2. 通過愛情，人由對形體美的默觀超升到對無形美的默觀，而無形的美乃上帝——至善的反映；3. 通過哲學，人始能走向美的根源。愛情使人充滿歸返至一的願望，思想才能使此願望成為真正的活動。只有思想可以指出不可動搖的目標；思想在自身的限制中發現超越自身的價值；思想使人突破個別經驗，投入普遍的生命，又超越此生命，投入精神的世界，理型的世界。然而只靠知性的思想活動人無法投入上帝的懷抱，因為思想仍然包括了主體與客界的二元論，而上帝卻是絕對的合一。只有神視——神魂超拔能使心靈完全與上帝結合。

可見歸返是一種歷程，不是一躍而至，而是一個漸進的，辛苦的奮鬥過程。歸返是一個逐步的征服，藝術的啟發，愛情的衝力，哲學的探討，道德的實踐，都是使人心靈超越感覺世界、抖落塵世的留戀，揚棄情慾的追逐，而走向真正的自我及永恆生命的步驟。每一個步驟都包括對立與衝突，因此絕對的天人合一是一種超越而內在的體驗，使人與至一相接觸，這種接觸是神祕的，超越了認識和愛情，是一種無法用語言形容的直觀，是一種絕對幸福而寂靜的體驗。但是在思想和神視之間並沒有質的跳躍，而是有接續性的。藝術、愛情、理性、道德都逐步地把至一顯示給我們，引起我們對於永恆的回憶而歸返至一。天人合一的超越境界並不違反理性與愛情的活動。

在天人合一的境界中，至一內在於心靈，心靈內在於至一，但並不使差別消失，並不在本質上使上帝與人完全同化。普氏的流生說中隱含著泛神論的危機，然而由於他極力強調上帝的超越性，才使之不掉入泛神論的混水之中。再者神魂超拔只是暫時的現象，過後心靈仍得返回感覺世界。生命徘徊於有限和無限之間，在無限中，心靈暫時忘卻塵世，在有限中，人又得回到人間，重新拾起自己的責任。

第二十三章　其他新柏拉圖學派

第一節　敘利亞的新柏拉圖主義

包爾斐里的弟子楊伯里古斯 (Iamblichus) 創立敘利亞的新柏拉圖主義。楊氏逝於西元後三百五十年，著作甚多，只有五卷《論埃及人的奧蹟》留傳後世。他的神學色彩比哲學色彩濃厚，使普羅蒂諾斯的《流生說》更趨繁雜，民間宗教的許多神祇都參加了流生的行列。他主張完全的神不會為不完全的人所動，神的力量只藉民間信仰的種種儀式和法術而行動。這種神話式的神學主張有助於迷信的散播。

其弟子之一埃戴西物斯 (Aedesius) 倡多神論。朱利安皇帝 (Julian, 322–363) 背叛天主教後，極力迫害教友，接受了多神論，使之與新柏拉圖主義融合，受楊、埃二氏的影響甚多。例如他倡太陽崇拜，即由於肯定太陽乃理性界與感性界之間的中介神。

第二節 雅典的新柏拉圖主義

第五世紀初期在雅典領導新柏拉圖學派的是普魯大爾克 (Plutarch)，致力於註釋柏氏和亞氏的著作，逝於四百〇一年前後，繼之者為敘利亞諾斯 (Syrianus)。敘氏較重視形上學，推崇柏拉圖，認為柏氏高於亞氏。在《形上學註釋》中，反駁亞氏的論調，以維護柏氏的理型論。試圖使柏拉圖的思想與畢達哥拉主義及新柏拉圖主義共融。

敘氏逝於四百三十年，其弟子中最著名的是普羅克路斯 (Proclus)，四百一十年生於君士坦丁堡，二十歲到雅典，直到四百八十五年去世時未曾離開。比較重要的著作有《蒂買物斯篇註釋》、《國家篇註釋》、《巴爾買尼德斯篇註釋》、《克拉蒂路斯篇註釋》、《神學論說》、《柏拉圖神學》等。

辛普里奇物斯 (Simplicius) 曾註釋許多亞氏著作，給後世留下許多有關古代思想的記述，非常有價值。西元後五百二十九年，查士丁尼 (Justinian) 皇帝禁止在雅典講授哲學，沒收新柏拉圖學派的大批財產，辛氏與其他六位同門，逃往波斯。不久返回，發現柏氏思想已經失去獨立性，幾乎完全被天主教思想吸收了。

普羅克路斯強調流生的三部曲。一個「有」使另外一個「有」發生時，自己不變，但是被產生的「有」必然與其原理相似。因此，被產生者與產生者由同一的觀點去看，留在產生者之內；與產生者由不同的觀點去看，又向外而動。既然二者相似，「在內」與「向外」也同時存在。又一物自另一物流出時，後者必向前者歸返。歸返是由於效果嚮往原因，因為原因對效果來說是善，每一個有皆祈望善。歸返藉相似才得完成（神學論說，三十、三二）。普氏把流生的過程分為三個階段：1.原因在已停留不動；2.「有」的出發，一方面歸向原因，一方面又外在化；3.「有」的歸返，向根本的原因歸返。

流生過程的起點是根本的有或至一，第一原因和至善，是不可識的，也無法加以描述。由至一流出其他的神性，作為至一與理性界之間的中介神。中介神流生知性，知性又分三個階段：1.可理解的對象，即「有」；2.生命；3.理解主體，即知性。有與生命又分為不同的階段，每一個階段與民間信仰的一個神祇相應。流生的第四個階段是靈魂，分三種，即神魂、魔魂與人魂，前二者又分為數種，與民間的迷信相應。

世界由神魂組織和管制，惡不來自神性，而來自世界的不完全以及在承受至善時所有的缺陷。物質不可能是惡的原因，因為物質也是上帝所造，並且物質對於世界的構成是必需的成分。

道德與知性的最高境界是與至一的神祕結合，歸返至一的最後等級是愛情、真理與信心。愛情使人享見神的美，真理使人接近神的智慧，對現實獲致完全的認識，只有信心使人超越認識，到達不可言喻的神祕境界。

第三節　拉丁西方的新柏拉圖主義

西方學者自四世紀，開始將柏氏及亞氏的著作譯成拉丁文，有助於哲學研究在拉丁西方的發展，同時也在古代哲學與中古哲學之間作了搭橋的工作。西元後第四世紀初期，加樂西蒂物斯 (Chalcidius) 將柏氏的蒂買物斯篇譯成拉丁文，並加以註釋，頗受中世紀學者重視。在同一世紀內，瑪利物斯 (Marius Victorinus) 將亞氏的《範疇論》、《解釋論》以及一些新柏拉圖派的作品譯成拉丁文，此外還著有《論定義》、《論假言三段論法》和一些神學著作，聖奧斯丁曾受他的影響。

比較更重要的學者當推包愛奇物斯 (Boetius)，包氏逝於五百二十四年或五百二十五年，他像前邊所提到的兩位學者，都是天主教徒。包氏曾在雅典求學，後來成為戴歐都利克 (Theodoric) 王朝的高級官員，由於被誣告叛國行為而接受死刑，在獄中完成一部名著——《哲學的安慰》。

包氏曾計畫將亞氏全部著作譯成拉丁文，並加註釋，但是只完成了《範疇論》、《解釋論》、《題論》、《分析學前後編》、《詭辯論證》。此外尚譯有並註釋包爾斐里的《亞氏範疇緒論》(*Isagoge*)，對於共相的爭論影響中古哲學甚鉅。此外尚著有《直言三段論法緒論》、《論直言三段論法》、《論假言三段論法》、《區分論》等，還有一些神學性的論文。由於他的翻譯或註釋工作，包氏被稱為最後一個古代思想家和第一個士林哲學家。

主要參考書

1 《西方哲學史》，羅素著，鐘建閎譯，中華文化出版事業委員會出版，一九五五。

2 《西洋哲學史》，傅偉勳著，三民書局出版，一九六五。

3 《西洋哲學史》，威柏爾及柏雷合著，委託經銷處：水牛出版社有限公司，一九七二。

4 《希臘三大哲學家》，趙雅博著，正中書局出版，一九六九。

5 *A History of Philosophy*, Vol. I. Greece and Rome, F. Copleston, The Newman Press, Westminster, Maryland, 1959.

6 *Philosophic Classics*, W. Kaufmann, Rainbow-Bridge Book Co., Taipei, 1969.

7 *Storia della filosofia*, a cura di C. Fabro, Coletti Editrice, Roma, 1954.

8 *Storia della filosofia*, N. Abbagnano, Unione Tipografico-Editrice Torinese, 1958.

西洋哲學史

傅偉勳　著

本書涵蓋範圍自古希臘哲學開始，經過中世紀漫長的基督教哲學、人文主義時期的文藝復興、號召啟蒙的科學革命，最後止於浪漫運動盛行的德國古典哲學。本書強調客觀公平地審視各派別的理論學說與內在關係，希望讀者在閱讀本書時可以培養包容各種觀點的態度與批判思考的能力。

印度哲學史

楊惠南　著

本書透過數十部原典的資料，介紹印度的民族、歷史和宗教，也分析與討論印度各宗各派的哲學思想。本書引用了大量的佛典資料，也遵照佛典中的固有譯名來論述，方便讀者理解印度哲學與佛學的思想精華所在。

班雅明

馬國明　著

班雅明是二十世紀初最重要的哲學家與文藝評論家，受批判理論影響，在對社會現實的反思中，思索著人在其中未竟的價值，並將這點灌注在文字中。班雅明反對藝術是「為藝術而藝術」，藝術真正的目的是：讓能使人解放的說故事技藝得以在現代社會之中重新完成。班雅明在交互錯綜之間，揭示了一個更大的理論整體。

形上學要義

彭孟堯　著

哲學是人文的基礎，形上學是哲學的根基。本書介紹在英美哲學思潮下發展的形上學，解說形上學最根本的四大概念：等同、存在、性質、本質。在介紹的過程中同時也探討了「個物」以及「自然類」等概念。基於形上學必定要探討這個世界的結構，尤其是這個世界的因果結構，本書特別對於因果關係進行一些說明。

硬美學——從柏拉圖到古德曼的七種不流行讀法

劉亞蘭　著

本書擺脫以往用「唯美」的藝術作品來介紹美學，反而從美學與藝術哲學內最「冷硬」、最尖銳的議題來挑動讀者的哲學神經。這些議題除了涵蓋當代歐陸美學與分析美學兩大傳統外，也不忘討論美學史上重要的哲學家。

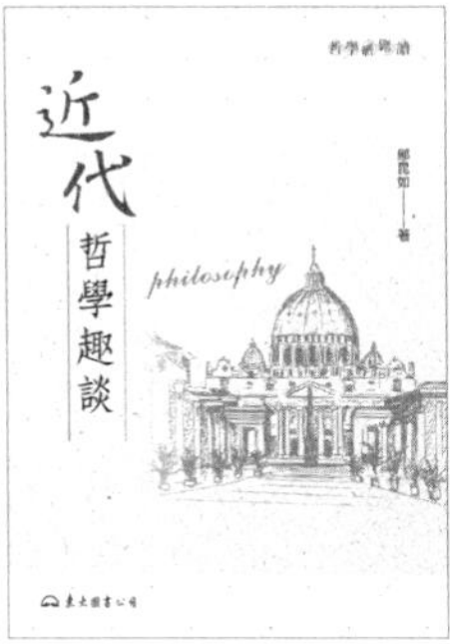

近代哲學趣談

鄔昆如　著

本書為從文藝復興開始，一直到黑格爾的辯證法為止的思想歷程。文藝復興被認為是西洋的再生，中世「仁愛」思想被拋棄後，古代「殖民」和「奴隸」制度復活，十九世紀後半成為西洋近代思想最黑暗的時代。作者深入淺出的引導人們認識西方近代哲學，從而領悟到「精神生活的確立與提昇為人類文化發展之方向」。

邏輯　林正弘　著

本書是初等符號邏輯的教科書，適合初學者入門使用。所謂「初等」有兩層含意。第一，在內容方面，包括語句邏輯以及含有等同符號、運算符號和個體變元的量限邏輯；而不包括集合論、多值邏輯，以及含有述詞變元的量限邏輯等在內。第二，在方法上，採用自然演繹法，設計一套由前提導出結論的推論規則；而不採用公理法，把邏輯定理構成公理系統。

知識論　彭孟堯　著

本書除了介紹西方傳統的知識論之外，著重在解說當代英美哲學界在知識論領域的研究成果與發展，並引進認知科學以及科學哲學的相關研究成果，以輔助並擴充對於知識論各項議題的掌握。

倫理學釋論　陳　特　著

本書介紹了一些很基本的倫理學說，在其中，讀者可以看到道德對於個人和社會的各種意義與價值，亦即人之所以要道德的各種理由。希望讀者能透過這些學說，思索、反省道德對於人生所可能具有的意義與價值，以及在道德的領域中，我們的生命可能會產生什麼樣的變化，進而找到新的人生方向與意義。

莊子的生命哲學　葉海煙　著

莊子哲學是屬於天地間至真之人的哲學。作者在超越與辯證兩大原理引領下，經由或曲或直的思考路徑，向莊子哲學的高峰邁進。至於莊子哲學兼攝多種思維向度的不凡成就，作者則運用詮釋手法提振莊子的概念系統，進而將理性與生命緊密結合，以見莊子的生命風采。

老子的哲學　王邦雄　著

本書把老子安放在先秦諸子的思想源流中，去探究道德經的義理真實，並建構其思想體系。八十一章的每一句話，都可以得到義理的安頓，並有一整體的通貫。本書由生命修證，開出形上體悟；再由形上結構，探討其政治人生的價值歸趨；並由生命與心知兩路的歷史迴響，對老子哲學作一價值的評估，以顯現其精義與不足。

朱熹　陳榮捷　著

本書分四大部分。一為朱子之思想，包括太極、理、氣、天、格物與修養。一為朱子之活動，如其授徒、著述與行政。三為友輩之交遊。四為朱子之道統觀念，朱學後繼，與韓日歐美之朱子學。此外，朱子之名號、家屬、師承和與佛教之交涉，亦述及焉。

程顥·程頤　李日章　著

「理學」講求的是經由心性修養，以達成人與人、人與天地萬物之溝通和諧。其中含有宇宙觀、人性論、倫理學、社會思想、政治主張、教育學說，乃至對佛、道思想的議論與批判，形成龐大的思想體系。本書從現代人之觀點，以批判之態度，陳述其思想，評估其學說價值，並介紹其生活與為人。冀使現代讀者得以窺見先賢之努力與智慧，並從中獲致啟發與教示。

莊　子　吳光明　著

本書以考證訓詁為準備工作，直接探入莊子特異的核心妙境，一面持續推理以達西方哲學般的理脈一貫，論理謹密，另一面呈現具體細緻的人生理性，文哲詠三境之合一，哲思內容及詩趣方法的互纏共響，這是中國哲學的特色。

哲學概論　冀劍制　著

本書為哲學入門教科書，著重在引發興趣與思考。本書廣泛介紹哲學議題，以十八篇小單元，每篇一個主題，不偏重於任何特定主題的方式來規劃。在篇首與篇末設計了一些值得討論的問題，訓練讀者的思考能力。先思考再談理論，談完理論後繼續思考，較能掌握哲學思想的精髓。

國家圖書館出版品預行編目資料

希臘哲學史／李震著,.－－三版一刷.－－臺北市：三民，2022

面；　公分.－－（哲學輕鬆讀）

ISBN 978-957-14-7515-8（平裝）

1. 哲學史 2. 古希臘哲學

141.09　　111012886

哲學輕鬆讀

希臘哲學史

作　者｜李　震
發行人｜劉振強
出版者｜三民書局股份有限公司
地　址｜臺北市復興北路 386 號 (復北門市)
臺北市重慶南路一段 61 號 (重南門市)
電　話｜(02)25006600
網　址｜三民網路書店 https://www.sanmin.com.tw

出版日期｜初版一刷 1972 年 7 月
二版一刷 2015 年 7 月
三版一刷 2022 年 10 月
書籍編號｜S140070
ISBN｜978-957-14-7515-8

三民書局